ATREVA-SE A VIVER

Gustavo Santos

rumo ao topo

Sumário

Para a minha querida Avó Antônia.

Prefácio

Atreva-se a Viver é um livro muito especial que todos devemos ler porque nos orienta na descoberta do Ser que habita em cada um de nós e nos estimula a sair da zona de conforto para realizar os nossos sonhos.

Atreva-se a Viver é um desafio ao indivíduo para que assuma o seu sonho como comando da vida, em vez de se condicionar e responsabilizar a sociedade por não lhe dar o que pretende.

É certo que o modelo de desenvolvimento da sociedade, associado às condições socioeconômicas, aos valores, às oportunidades que concede e às referências que estabelece como padrão, como suporte essencial para a realização pessoal, muitas vezes percebida através da noção de bem estar ou de felicidade, constituem também fatores que podem condicionar, inibir ou estimular a forma como vivemos.

Nas últimas décadas, o crescimento da economia de mercado, que estimula o consumo através de publicidade que associa o bem estar e o sucesso pessoal à posse de bens, bem como o desenvolvimento da sociedade da informação, foram gradualmente transformando o mundo num enorme espaço aberto, tipo *Big Brother*, padronizando objetos, mitos e formas de vida, como referências essenciais para se alcançar a realização pessoal ou a felicidade. A posse, os níveis de consumo, a moda e todo o tipo de símbolos acabam limitando o universo do ser humano, o qual é bastante mais amplo quando se concentra no desenvolvimento das suas capacidades e valores.

O aumento da liberdade e a maior diversidade da oferta exigem mais capacidade e maior responsabilidade individual para selecionar a opção mais adequada às características de cada um, sendo essencial a educação e a formação baseada em valores. Mas para que tal aconteça, para além da formação, é preciso nos conhecermos, nas diferentes dimensões que fazem o Ser.

A eterna dicotomia entre o Ser ou o Ter, como opções para se alcançar o estado de felicidade, é uma questão de fundo poucas vezes assumida e discutida com a simplicidade e com o pragmatismo que o Gustavo Santos transmite nesta sua obra. A vida exige escolhas que dependem muito de nós, da confiança nas nossas capacidades e da autoestima que nos ajudam a enfrentar rompimentos com modelos ou formatos que não se adaptam à nossa individualidade, permitindo assumir riscos de forma consciente para satisfazer ambições e sonhos.

O foco e a atenção deste livro estão centrados na pessoa, desvalorizando fatores que geralmente surgem como primeiras opções na busca de bem estar. Como diz o autor, a felicidade é um estado e se encontra escondida em dez lições de vida: a Força, a Esperança, a Lealdade, a 9Intencionalidade, a Compreensão, a Imperfeição, o Dar, o Amor, Deus e o Equilíbrio, e este estado, embora se viva no momento, está muito além do momento.

Neste sentido, a felicidade é a mais alta graduação, o primeiro dos sonhos que se quer atingir, é o "Ser" em vez do "Ter" ou "Fazer".

Essa percepção, tão esquecida ou mesmo questionada, levou diversos investigadores, desde meados dos anos 80 do século passado, a desenvolverem estudos para avaliar a correlação entre a percepção do estado de felicidade dos habitantes de cada país, o Produto Interno Bruto (PIB) e outros fatores que supostamente são indutores de felicidade.

Neste percurso pela individualidade, surgem as perguntas *"Que valores regem sua vida?"* ou *"Você sabe quem é?"*, procurando despir o leitor dos adornos que ofuscam e disfarçam, para confrontá-lo com um conjunto de perguntas que procuram definir os valores base que fazem de nós quem somos para formular objetivos, estratégias e planos de ação para a vida.

Para o autor, o medo de arriscar, os bloqueios, os preconceitos e as convicções limitadoras são os maiores obstáculos à aprendizagem, como também a vivência de inúmeras experiências. Confundem se opiniões com fatos, ou soluções únicas, o que conduz à desistência de procurar outras perspectivas, ou a manter o padrão de comportamento ao qual já nos habituamos.

Para muitas pessoas, a sua permanente insatisfação resulta da incapacidade para atingir as expectativas que foram criando de modo desajustado. Contudo, é preciso não esquecer que a expectativa é uma antevisão de um resultado que não controlamos e, em consequência, a probabilidade de as coisas não acontecerem como desejamos é enorme.

Todos nós confrontamos com amigos, colegas de trabalho e desconhecidos que, logo de manhã, parecem carregar e transmitir aos outros todo o peso da sua insatisfação, gerando reações do mesmo sinal, criando se um círculo vicioso de ambiente desagradável que atinge os que assim se assumem. Pelo contrário, há pessoas que tendo, numa apreciação externa, todas as razões para se sentirem infelizes e transmitirem esse sentimento, acabam tendo um otimismo e um bem estar contagiante que também lhe é devolvido com "juros". Como diz o autor, as emoções negativas, como a raiva, o rancor e a culpa, acabam se projetando como imagem do próprio, em vez de se afirmar através de emoções positivas. E não adianta a desresponsabilização, culpando os outros, em vez de assumirmos as nossas fraquezas.

Como diz Gustavo Santos: "*Não assumir os seus atos e os resultados que deles advém é passar a vida inteira chovendo no molhado e choverá tanto que você ficará tão molhado que, mais cedo ou mais tarde, morrerá afogado em sua irresponsabilidade*".

Acrescida a essa falta de ação, surge o fator tempo como desculpa para adiar a coragem que falta para por em prática a decisão do momento. O adiar para amanhã provoca uma soma de sucessivos adiamentos, os quais acabam adiando a própria vida para um futuro que nunca existirá com as opções que decidimos tomar, mas que não aplicamos.

Naturalmente que um ambiente depressivo e de crise, como o que atualmente vivemos, gera desculpas que servem também para nos desresponsabilizarmos, atribuindo aos governos e ao sistema a culpa de tudo o que tem levado ao crescimento do número de *"pessoas de olhos vazios, braços caídos e mãos abanando sem saber o que fazer"*. Nem a crescente liberdade social e as garantias alcançadas nas últimas décadas parecem contribuir para o estado de felicidade. Mesmo entre os mais jovens, a liberdade sexual é muitas vezes confundida com sexo, esquecendo se os afetos, os abraços, o amor e tantas outras variantes que fazem perdurar as relações. Achei curiosa a associação do autor na tentativa de separar as águas, quando escreve que *"o beijo e o sexo são coisas de corpos, alimentam o nosso apetite, o abraço é assunto da alma, via verde entre dimensões. O afeto é a linguagem do silêncio e no silêncio mora tudo o que não cabe em palavras. O afeto é magia"*.

Afinal, são tantos os caminhos para o bem estar e para a felicidade que importa muitas vezes fazer *reset* dos nossos comportamentos, referências e modo de vida, a fim de nos libertarmos para um espaço mais amplo que nos permita reconstruir uma nova dimensão, talvez até menor, mas com os bens essenciais, com os valores que nos suportam e com as pessoas certas, que nos estimam e que nos dão os afetos que carregam a bateria necessária para atravessar os desertos que a vida coloca pela frente.

O ser ou estar feliz depende muito mais de nós do que dos outros e deverá começar em cada um a construção dessas referências, pois nunca poderemos alcançar esse estado se ficarmos dependentes de obter dos outros o que não conseguimos de nós próprios.

Maria do Céu Santo
Ginecologista e Obstetra do Hospital de Santa Maria em Portugal

Introdução

A ideia de escrever este livro começa com uma mensagem no Facebook, de Ana Rita Alves, pessoa que nunca vi, mas que me lançou o desafio de escrever um livro, "Pensamentos de Paz", intitulou o ela, com a soma de todos os pensamentos que, quase diariamente, compartilhava em meu mural. Inicialmente, achei a iniciativa simpática e agradeci o gesto. Acontece que os dias foram passando e, com novas ideias compartilhadas, comecei a dar mais atenção aos comentários recebia, à quantidade de "Curtidas" e aos *feedbacks* que, por mensagens, chegavam até mim das mais variadas pessoas. No total, eram milhares. Certo dia, decidi respeitar o sinal que me havia sido enviado por aquela pessoa e, quando dei por mim, estava correndo pela casa inteira à procura de um caderno de anotações e de uma caneta que realmente escrevesse. Foi a terceira tentativa. Resultado: passei quase duas horas transcrevendo para o papel todos os pensamentos que havia tido nos últimos tempos. Confesso que, apesar de já não me lembrar de metade deles, soube particularmente bem ler o que a minha mente havia conseguido recordar e processado das experiências que meu corpo e alma andavam vivendo.

A passagem do caderno de anotações para livro, ou seja, do pensamento para a ação propriamente dita, aconteceu quando o que sucedia no computador passou a ocorrer de forma presencial. Convidado a dar palestras pelo país inteiro (Portugal), fosse para o público em geral, empresas ou em cursos e *workshops* de Desenvolvimento Pessoal, comecei a sentir que a minha comunicação entusiasmava as pessoas e que as agarrava ao momento. Além disso, percebi que a minha mensagem lhes trazia esperança e que o meu modelo de mundo gerava uma corrente, quase visível, de identificação nas plateias. Uma vez, no rescaldo de mais um desses encontros, alguém se aproximou de mim e disse: "Sua palestra dava um belíssimo livro de Desenvolvimento Pessoal". Não vi os meus olhos, ainda assim, sei que devem ter brilhado, pois os senti aguar. Acabava de receber um novo sinal.

É claro que nada disso faria sentido ou teria tal interpretação se eu não tivesse dado o significado que dei à mensagem dessas duas pessoas, se eu já não desejasse em meu íntimo, embora ainda não pensasse nisso de forma ativa, escrever este livro. Ainda assim, é na soma de tudo isso, com o meu súbito desejo de fazer chegar o que penso a mais gente e de dar seguimento à minha missão, que mora a gênese deste livro.

Tal como existem muitas formas de vida, também existem inúmeras formas de se viver. A minha predileta é aquela na qual, por incrível que pareça, assento a minha paz, contém o ingrediente que mais potencia as emoções, o risco. O risco é a graça da vida, é a aventura, é o desconhecido, é a busca e a mais valiosa oportunidade para se crescer e desenvolver como ser consciente.

Quando foi a última vez em que você se arriscou?

O que sentiu?

Percebeu que, tendo dado certo ou não, o risco é a viagem e nunca o resultado?

Continuou arriscando nessa ou em outras áreas da vida?

O risco está associado à ação, à coragem, ao prazer, à paixão pela vida, à entrega no "Agora" e implica o abandono do sofá, da rotina doentia em que você escolheu se movimentar e dos padrões nos quais cresceu.

Chamam me de louco, eu lhes respondo que vivem pouco. Sou um homem feliz, ainda que, como qualquer ser humano, viva com alguns preconceitos espontâneos, medos súbitos e frustrações pontuais. Sou, também, alguém com experiência em ajudar pessoas... humm, ajudar, não! Direcionar soa melhor e é igualmente mais real. Promovo lhes, através da minha experiência em *coaching*, do meu sentido positivo e da forma assertiva com que asseguro a minha comunicação, a descoberta de quem são e do que desejam, utilizando técnicas que a inspiração me faculta e que algum estudo me providenciou.

Acredito num Mundo melhor, feito de pessoas mais felizes, no qual reine o entendimento entre as partes, o perdão, a aceitação e, acima de tudo, o amor incondicional. Enfim, cada um projeta para o exterior aquilo que vive em si. Também sei que o Mundo global é infinitamente menor e menos misterioso que o Mundo de cada um e isso me permite ter a ousadia de escrever, sem nunca querer ensinar, e partilhar sem ter a pretensão que sigam o meu modelo de Mundo.

Tudo isto, a vida, é uma experiência pessoal e este livro, a sua próxima oportunidade. Tudo o que irá ler poderá despertá-lo, mas a transformação terá de ser feita por você.

Hoje em dia, confesso, considero ser de um enorme risco assumir a diferença. E a diferença não é mais do que... agir. Sim, ação! As pessoas estão petrificadas pelo medo, dentro e fora delas prolifera a frustração, a angústia, o rancor e uma ausência tremenda de amor-próprio e paixão pela vida. As guerras internas são muito mais devastadoras que as externas e a incapacidade de perdoar, aceitar e amar os outros e a vida ganha contornos cada vez maiores no coração dos mais vulneráveis... e são tantos!

Este livro é uma experiência pessoal, bastante íntima para que o empreste a alguém. Adiante entenderá. Comprometo-me com isso.

Com o avançar das páginas, você encontrará alguns dos tais "Pensamento de Paz" e também alguns exemplos, devidamente assinalados com aspas, de matéria real, escrita nos meus três romances já publicados, nos quais ofereci, sempre, a cada um dos meus três protagonistas, mais de metade do meu processo enquanto homem e alma, mais da metade daquilo que fui e daquilo que sou.

Tenho uma palavra para você.

Sim, você que me escolheu para desafiá-lo!

Quer, finalmente, conhecer a sua intimidade e ser feliz?

Eu sei que tem tentado. Eu sei que está sem força. Você não é a única pessoa nesse estado! Desistir é uma escolha tão válida quanto persistir. O que deseja fazer? Ainda há algo em você que acredita ser possível existir uma realidade melhor que aquela que possui agora? Ou não, e prefere ficar eternamente em sua zona de conforto como protagonista da peça "O coitadinho"? Vai continuar contando a si mesmo e aos outros essa história ou irá rasgá la, fazer desse texto uma bola de papel e jogá la no lixo? Você tem o poder de escolher... aqui e agora! Tem a oportunidade de arriscar.

Escrevo para você que escolheu dar este passo em frente.

Só dou a quem se dá e nunca passo a mão na cabeça de ninguém quando a pessoa em causa insiste em tê-la tombada por falta de coragem. É uma questão de identificação ou, neste caso, falta dela, de princípios e de valores.

Sei que você tem se esforçado para trilhar um caminho diferente daquele que o levou até aqui. Sei que tem escolhido assumir as rédeas, ainda que de forma infrutífera, da sua vida com o objetivo de abandonar o padrão e o modelo que conhece. Mas veja, quantas vezes se deixou aliciar e manipular pelos outros, pelos que têm ainda mais medo que você, a não ir mais além, a não fazer o que desejava, a não arriscar? A sua pequena convicção foi, assim, engolida por todo o gênero de argumentos e, sem saber bem por que, voltou a cair onde já estava, pior do que quando tentou sair, pois o cansaço do insucesso é tremendamente mais forte que uma corrida ao redor do mundo inteiro.

Sabe que mais, respire fundo, não há nada de errado nisso.

Agimos todos consoantes às nossas referências. Refiro me aos nossos educadores: pais, professores e, em alguns casos, igreja, mas a verdade é que por muito que eles tenham dado o melhor deles e se empenhado em nossa formação, e não foram assim tantos, verdade seja dita, por vezes esse "melhor" deixa de ser suficiente. Essa tomada de consciência é fundamental em nossa vida, pois quem nos educou o fez com os medos associados à sua experiência ou respeitando doutrinas que são tudo menos libertadoras, nunca ou raras vezes nos incentivando a arriscar ou a ir mais longe do que eles. É, assim, preponderante chamarmos para o jogo o verdadeiro responsável pela pessoa que podemos vir a ser.

Cada um de nós.

Neste livro, alimento ideias e compartilho as ferramentas que disponho a fim de potenciar a sua nova oportunidade, assim como entrego a você, para que escolha acreditar ou não, as que considero ser os principais vetores de uma vida íntima e plena de felicidade, rumo à paz.

Serão propostos a você alguns exercícios e com frequência encontrará perguntas às quais recomendo que responda. Umas serão mais fáceis, outras de mais difícil resposta, ainda assim, pegue uma caneta e escreva, rasure e volte a escrever aquela que, no momento, representar a sua verdade. Não tenha medo do que sentir. Não hesite mais uma vez. Comece sendo verdadeiro consigo mesmo e confie. Eu tenho as melhores perguntas, você terá as melhores respostas.

Há um objetivo implícito no que estou pedindo. No momento em que for avançando com a leitura e chegando, por identificação, mais perto de si mesmo, da sua intimidade, irá definindo, através das respostas que for dando, o seu Estado Atual, ou seja, quem, aparentemente, você é e onde se encontra. Depois, quando chegar ao fim do livro, feche o e, quando se sentir em paz, volte a abri lo, regresse ao início, ignore as minhas palavras e foque, apenas e somente, no que escreveu. Volte a pegar na tal caneta e, se sentir o palpitar de uma nova verdade, risque a anterior e se assegure de um presente melhor. Não tenha receio de estragar o livro. Ele não é sagrado, a sua vida sim é! Se isso acontecer, se alguma das respostas que der na segunda passagem for diferente da que deu na primeira leitura, significa que você estará mais perto do seu Estado Desejado, do seu "eu" verdadeiro, despido de medos, bloqueios e preconceitos. Obviamente isso representará para mim um sentimento eterno de gratidão pela oportunidade que você me deu de fazer parte dos seus dias, das suas noites e do seu silêncio, mas também, e acima de tudo, uma enorme fonte de motivação para você a fim de assumir, de uma vez por todas, o risco como um princípio e a ação como único caminho para o seu sonho.

1

A VIDA É UM RISCO, MAS VOCÊ ESTÁ PRONTO PARA VIVÊ-LA

A IMPORTÂNCIA DE VOCÊ SER A SUA PRIORIDADE

É fundamental você reconhecer a sua própria importância em sua vida. Por algum motivo você nasceu, aprendeu a respirar e teve direito a um nome, nome esse que, em conjunto com as suas características, identificou você eternamente como um ser individual, único e livre. Haverá algo mais especial e precioso que isso? Creio que não. Ainda assim, encontro muitas pessoas querendo ser outras e algumas ainda desejando acabar com elas próprias na esperança de, imediatamente, poderem vir a ser outro alguém. É o seu caso? Se for, deve ser um porre, mas, também, se você não se dá qualquer importância, por que eu te daria alguma? Já calculou o perigo que corre por pensar dessa maneira? Quando menos perceber, estará sozinho ou rodeado de pessoas como você, ausente e que partiu de férias para o inferno para sempre. Bom, mas se alegrem os corações porque acredito que você não leria estas linhas iniciais se nada estivesse borbulhando aí dentro, se não existisse, pelo menos, uma fugaz esperança e uma enorme vontade de mudar. Preste atenção: o passado só influencia o presente se você mantiver o mesmo comportamento, por isso se liberte dessa dor por uns instantes e leia em voz alta a próxima frase tantas vezes quantas achar necessário.

Não há nada nem ninguém que possa me substituir ao longo desta viagem que é a vida, nem nada nem coisa alguma que possa ser mais importante do que eu, seja em que momento for, pois só assim poderei ser útil aos outros, incondicional, e, só assim, conseguirei valorizar quem me rodeia e reconhecer o mérito alheio.

É prioritário que você dê prioridade a si mesmo, pois só assim poderá se identificar com uma filosofia de vida ou criar sua própria forma de estar, saber quem é, ser feliz, apaixonado e independente. Será que já está na *pole position* da sua vida? Experimente por uma hora e perceberá a diferença.

O seu amor-próprio é a ponte para o mundo e, como tal, não conseguirá chegar, verdadeiramente, a nada nem a ninguém se não se amar primeiro. Se ignorar essa máxima, não passará de uma ilha, onde, com o passar vagaroso do tempo, começarão a escassear as provisões e você acabará morrendo como sempre esteve, sozinho. Sem esse amor por você não há liberdade, não há passos firmes nem convictos, não há sequer um caminho, uma orientação, nada. Lembre-se de que, na vida, tudo passa. Passam as pessoas, as coisas, a fé, as paixões, os amores doentios, a juventude, enfim, tudo... você fica, apenas você, e a única forma de conseguir aproveitar e suportar tanta exaltação junta passa pela relação que tem consigo mesmo.

A prioridade é um direito nosso. Mais que isso, diria mesmo, uma obrigação, a devida gratidão a Deus por nos ter facultado a oportunidade maravilhosa de nascer e estarmos aqui. Não é, nunca foi, uma questão de se colocar à frente ou acima de alguém, e, antes sim, uma escolha sua de colocar os outros ao seu nível. Sim, ao seu nível, porque existe muita gente que se encontra excomungada nessas ilhas culpando o mar, a distância, a imprudência do sol e o infortúnio de não poderem ser como os outros, que, a algumas milhas de distância, caminham abraçados e sorridentes, rodeados de gente e animação. Assim que se amar, poderá tentar chegar perto dessas pessoas, alavancar suas vidas e levá-las a acreditar que a ponte pode ser construída. Tudo passa pelo amor que sente por si mesmo. E amor só há um, é o incondicional. Se assim for, conseguirá resgatar inúmeras vidas, contribuirá para um mundo melhor e usufruirá do melhor prêmio que o ser humano pode receber: a gratidão de alguém.

— Quem é a prioridade em sua vida? Escreva o nome dessa pessoa.
Resposta: ____

Independentemente do nome que tenha escrito, o seu, o de uma pessoa muito importante para você ou o de alguém de quem tenha medo ou pena, quero deixar claro que nenhuma escolha que tenha feito é errada. Todas nos levam a algum lugar e com todas aprendemos alguma coisa. Ainda assim, e porque este livro é uma espécie de ecografia do meu interior, não posso deixar de reforçar a minha crença que afirma que você apenas poderá ser feliz se for a sua primeira escolha. Sempre? Sim. Sempre, sempre? Claro. Mas isso não nos torna egoístas? Parece que estou ouvindo você falar. Não, claro que não nos torna egoístas. Se alguém ligar para você no meio da noite com dor de dente, com medo de estar sozinha, por ter sido abandonado pela namorada ou por ter acabado de discutir com o marido, e pedir a você que vá ao encontro dela ou dele, faça o favor a si mesmo de só se levantar da cam9a se isso fizer muito sentido para você e nunca, nunca, porque, de repente, começou a sentir as mesmas dores, a mesma agonia e o mesmo pânico dessa pessoa. Que egoísmo é pensar que você tem sempre a solução para quem está do outro lado da linha... não tem. Aliás, por mais que tente, não tem qualquer influência nesse processo. Permita que essa pessoa seja a sua própria prioridade e você seja também a sua. Dê espaço a ela e fique com o seu. Então, para que servem os amigos? Para ouvir, acalmar, abraçar, mudar o foco, mas nunca para corresponder a todas as vontades que lhes são solicitadas. Se fizer isso, não só estará desrespeitando quem você é, porque deixa de ser, mas, também, porque não dá tempo algum para a outra pessoa se reencontrar. Ao longo da minha vida, já deixei muita gente pendurada do outro lado da linha reclamando minha companhia e fiz isso porque simplesmente no momento não me fazia sentido sair da paz de minha casa e ir diretamente coabitar em um mundo que não me agradava. Nesses momentos, as pessoas em questão ficavam irritadas, magoadas e desiludidas comigo, mas, depois, quando, por seus próprios pés, encontravam de novo o caminho de si mesmas, ligavam me dizendo que me respeitavam muito e que estavam eternamente gratas por numa determinada noite eu as ter obrigado a ficarem sozinhas. Todas as respostas de que necessitamos se encontram dentro de nós e, normalmente, é no silêncio que as ouvimos.

Outro exemplo, funerais. Em toda a minha vida só fui a um funeral e já faleceram algumas pessoas que eu amava e amo profundamente. Ao contrário daquilo que os outros tinham por obrigatório ou como dever cívico em suas vidas, eu sempre respeitei os meus ideais como algo prioritário, ou seja, a família estava toda presente na dor e testemunhando o acontecimento, menos eu. Por quê? Se acredito na alma, por que vou me despedir do corpo? Nunca fez sentido para mim. Se algum dia fizer, irei. Simples assim.

O fato de eu ser a minha prioridade me iliba da pior pergunta que um ser humano se pode fazer: *O que eu estou fazendo aqui?* Quantas vezes você já se fez essa pergunta? O que o levou a fazê la? Será que agiu como sendo a sua própria prioridade ou foi empurrado por um associativismo de ideias e crenças contrárias às suas? Pense nisso e, já agora, simplifique a sua vida. Pode fazer isso de um momento para o outro, basta saber dizer "Não". Sabe dizer isso? Consegue empregá lo sempre que for da sua vontade? Em dez, quantas vezes consegue dizer "Não"? O que tem ganhado e perdido com isso? O "Não" simboliza que não quer deixar de ser quem é e é afirmação de um caráter consciente. Bem administrado, é tão positivo quanto um "Sim".

A conquista da tão almejada felicidade começa por essa tomada de consciência.

QUEM SOU EU?

Achei de bom tom começar por mim. E faço isso não pelo "eu" ser a primeira pessoa na conjugação de qualquer verbo, mas por sentir que na maioria das pessoas que conheço e com quem costumo me relacionar mora uma resistência enorme quando tem de falar bem de si mesmas. Parece que vivem com medo de afirmar e compartilhar o mar de bondade e mérito que existe dentro delas.

E por quê?

Porque somos educados a olhar para os outros em primeira instância, porque nos dizem, desde pequenos, que somos maus fazendo isso ou que fizemos mal em ter dito aquilo, porque somos castigados muitas vezes e raramente carregados em ombros. A sociedade na qual vivemos é de poucos elogios e o reconhecimento é, quase sempre, o último recurso. Ora, se essa é a nossa forma de agir para com os outros, como seria se andássemos todos falando bem de nós próprios e enaltecendo, constantemente, as nossas ações e as nossas convicções? Na minha opinião, seria fantástico! Emoções como a frustração, a desilusão a raiva e a culpa desapareceriam rapidamente do mapa de muita gente. O autoelogio é assim uma ferramenta poderosíssima que temos ao nosso dispor e que deve conquistar o espaço da vergonha e da falsa modéstia. O que, dentro de poucas linhas, você irá ler sobre mim representará um enorme desafio para você. Será que vai me julgar? Ou ficará com uma vontade incontrolável de escrever algo semelhante a seu respeito? Cada um de nós é um hino, eu acredito, por isso me perdoem os mais conservadores e os preconceituosos, mas eu sou merecedor das palavras a seguir.

Sou um pensador, um autodidata.

Alguém que não precisou de um curso superior, mestrado ou doutoramento nas áreas da medicina, psicologia ou sociologia para arriscar falar e escrever sobre saúde, pessoas, as relações e o mundo. Respeito quem os tem e admiro quem os alcançou com paixão, ainda assim, sempre privilegiei o cultivo da experiência e nunca a troco pelo que leio nos livros e leio muitos, muitos bons, tal como sempre preferi arriscar em detrimento de ficar sentado no sofá ouvindo alguém contar uma história que eu gostaria de viver.

A minha filosofia de vida é a meritocracia.

Acredito no mérito e num sistema que premeie os merecedores. Numa ideologia que enfatize o talento, a competência, os valores e a qualidade das nossas escolhas em detrimento das classes sociais, etnias ou gênero.

Bem sei que o sufixo "cracia" sugere um sistema de governo, mas eu gosto mesmo é de levar para o lado pessoal e para a intimidade de cada um. O governo só pode comandar o destino das massas, nunca o do ser individual, pois uma nação é um conjunto de gente muito menos poderosa e mais passiva que uma qualquer pessoa por si só, assim ela o queira.

O meu mundo são as escolhas que, livremente, faço e nunca as que deliberam por mim.

Acredito que eu sou o único responsável pelo estado em que me encontro, que esse estado é o resultado da soma das minhas escolhas e que, por isso, mereço estar como estou e onde estou. Quando estou triste, frustrado ou desiludido, continuo sendo a única e principal causa da minha agonia, mesmo que tudo o que me acontecera não tenha começado em mim. Eu sou responsável por conseguir aceitar, perdoar e amar e é este poder que tomo como garantido em mim e que uso frequentemente em minha vida, que me faz sentir merecedor de tudo o que sou, de tudo o que conquisto e de tudo o que tenho.

Fiz de mim um homem do "Agora", independente e curioso. Gosto de estar atento ao curso que cada um dá à sua vida, opinar e me colocar em suas posições de forma a entender até onde lutam e a partir de que ponto começam a se vitimar. Sou, particularmente, interessado pelo estudo do comportamento humano, padrões, máscaras e histórias. Sou um homem de sonhos, de sonhos realizados. Objetivo e consciente, não vejo ninguém acima nem abaixo de mim. Vivo com a certeza maior de que temos todos o mesmo poder e que ninguém vive num estatuto inferior, a não ser que assim se considere. Sou de perdoar facilmente e gosto de rir com o que já me magoou. Sou bem humorado, de abraço fácil e muito comunicativo. Entrego me com relativa facilidade a desconhecidos e tenho me dado bem com isso. Sou um homem de verdade, acima de tudo para comigo. Respeito o meu passado e o tenho lacrado em mim, pois ninguém, a não ser eu, o entenderia na perfeição. O meu presente reflete uma sucessão de boas escolhas e é verdadeiramente compartilhado com as pessoas com as quais me identifico. Ao meu futuro não dedico muito tempo, gosto apenas de pensar que terei tempo para ser e fazer tudo o que quero ser e quero dar. Sou plenamente consciente dos meus valores e das minhas virtudes, dos aspetos a melhorar (aquilo a que muitos chamam de defeitos) e da minha legítima inconsciência em relação a outras tantas coisas, que só um conjunto de novas experiências poderá me trazer mais e melhor entendimento.

Em suma, sou um homem feliz!

Descobri isso enquanto escrevia o meu primeiro romance, *Carta Branca*. Iniciei esse projeto literário numa fase crítica da minha vida em vários níveis, pessoal, familiar e profissional. Parecia que nada ia bem comigo e, então, como que sentindo um chamamento superior, entreguei me às palavras. Primeiro, na esperança de passar o tempo e camuflar a dor com o sentido de utilidade, depois, como uma profunda e fundamental terapia da qual, ainda hoje e para sempre, colho os louros.

Assumo que foi a viagem mais maravilhosa da minha vida. O destino era eu.

Entreguei ao "Tomás", protagonista da história e meu confidente durante tantos meses, o estado em que me encontrava adequando as primeiras palavras e o estado que desejava para a minha realidade, fazendo o sonhar e agir, coisa que eu, enquanto Gustavo, era incapaz de fazê lo na época. Assim, fiz ele pegar numa página de papel em branco, numa caneta e dei asas ao seu sonho:

"*Leva me contigo...*

> Leva me contigo vida.
>
> Vamos fugir desse mapa cinzento e só regressar quando as cores da nossa vida se tocarem numa trincha larga e infinita que nos ligue eternamente.
>
> Quero apaixonar me por ti e que vivas em mim. Quero ser a infinidade contigo e caminhar com a simplicidade de uma mão dada, no caminho que ambos pintarmos.
>
> Seremos artistas das quatro estações, nos quatro cantos redondos do mundo.
>
> Leva me contigo para um lugar qualquer, longe ou perto, onde exista um espelho mágico tão grande que não tenha outra alternativa senão olhar me nele, autodescobrir me para além daquilo que os olhos percebem e finalmente encontrar me comigo e com o amor. Pode ser aqui, ali ou acolá. Para o norte, sul, este ou oeste. Para o calor de um deserto ou para o gelo do ártico, para uma praia encantada de água azul cristalina ou para o interior de um castelo no cumo de uma montanha. Leva me para esse lugar encantado, onde possa me libertar dos condicionamentos do tempo e das suas

ilusões e aprenda a desligar a mente e a viver no único momento que é real, o presente.

Convida me a olhar em volta sem interpretar, nem julgar. A ver as luzes, as formas, as cores, as texturas e a sentir a presença silenciosa de cada objeto. Não quero continuar a olhar sem ver, a ouvir sem escutar.

Por isso, leva me nos teus sentidos e distrai os meus para que não saiba para onde vou, não veja o destino na sala de embarque, não ouça o ruído da partida nem perceba se me levas pelo ar, pelo mar, pela terra ou, simplesmente, por magia. Surpreende me.

Acredito em ti como nunca acreditei e reconheço em mim uma máscara enferrujada que preciso remover e um muro intransponível que preciso derrubar.

Ainda não sei o que é essa liberdade, mas conto contigo para me levares lá. Não me digas que não podemos ir e emite me esse bilhete... peço te. Sei que esperaste por mim todos estes anos, mas só agora estou pronto para derrotar os meus medos e entregar me a ti.

Quero despojar me do meu passado e renascer.

Leva me vida e eu levo comigo apenas o necessário para os primeiros passos, pois sei que me providenciarás de tudo de que necessito. Ouvirei o rufar triunfante da minha respiração e o palpitar do meu instinto. Verei a sedução condutora da natureza e através do seu manto de luz me guiarei pelas estrelas, ventos e mares, até dar de cara comigo num lugar qualquer onde o tempo não exista e as pessoas possam sorrir, simplesmente, por saberem que possuem o bem mais valioso de todos... você.

Não sei se este lugar existe ou se o espelho mágico não passa de uma criação espontânea da minha cabeça, como sendo a única saída para enfrentar medos que tenho receio de perceber. Mas sei que só escrevendo esta carta e que posso ter hipótese de lá chegar e me encontrar, pois as palavras apontam para além daquilo que elas são, abrindo caminhos que só poderão ser percorridos, mais tarde, pela provação. E eu quero sentir esse sabor...

Leva me contigo, pois só assim poderei renascer dentro do meu próprio coração e ter alma de pássaro. Só assim poderei sentir a sintonia e a unidade com alguém que possua uma alma esvoaçante do tamanho da minha e me ame da essência, nesta viagem tão misteriosa que é a autodescoberta.

Leva me contigo da escuridão labiríntica à claridade, do medo ao amor, do constrangimento do tempo ao vazio da paz interior.

Leva me contigo até as portas da felicidade."

Enquanto descrevia o sonho de Tomás e escrevia a sua consequente realização ao longo do livro, fui percebendo, aos poucos, que estava projetando nele os meus próprios medos e o meu profundo desejo de ser feliz. Só mais tarde percebi que o havia criado para que ele pudesse me dirigir nas minhas escolhas e me ajudar a entender que nenhuma barreira era, afinal, intransponível. Ora, se ao longo da história ele havia sido capaz de materializar seu sonho, por que razão não haveria eu também de conseguir o mesmo? A resposta a essa pergunta, como a tantas outras, e a respetiva ação que todas me exigiram, levou me à maior conquista que o homem pode almejar e a qual, ainda hoje, trato de acarinhar: a felicidade.

Como já deve ter reparado, não uso, nem usarei, a ciência para justificar seja o que for que aqui venha escrito e, também, você não lerá palavras que não sejam minhas nem pensamentos que não sejam da minha autoria. Primeiro, porque não sou cientista nem este livro tem por missão converter os céticos à felicidade e, depois, porque vivo com a convicção de que, apesar de muita coisa boa e fundamental que já foi escrita e descoberta ao longo dos séculos pelos pensadores da época e de hoje, nada foi, verdadeiramente, sentido ou vivido por mim, ou seja, os seus dizeres, tal como os meus, servem apenas para cada um de nós e, no limite, como linha condutora para os outros sem que nunca, repito, nunca, possam representar as suas verdades. Agora, é claro que desejo que, ao você me ler e através da identificação, possa sentir borboletas no estômago, uma esperança renovada, o tal clique da felicidade e a certeza de que não está só, tal como eu já senti ao ler as palavras de outros autores. Ainda assim, o meu papel é apenas o de fio condutor, de "Tomás" em sua vida.

Eu sou este livro e esta é a minha missão.

EXERCÍCIO 1

Vá até o Anexo 1 e, sem ter medo do amontoado de linhas vazias, pegue uma caneta e transforme o espaço que tem à frente em sua segunda oportunidade. Escreva tudo o que desejar, todos os seus sonhos, mesmo que lhe pareça absurdo, e não imagine limites. Impeça que o sentimento de impossibilidade o vença outra vez e que o medo de ser bem sucedido o afugente da história maravilhosa que pode viver. Foi este exercício que me abriu as portas da felicidade e que, hoje, pode começar a abrir as suas. Atribua a ele um título, dê asas à sua vida e depois releia o que escreveu quantas vezes quiser. Garanto a você que a passagem consecutiva pelas suas palavras, mais cedo ou mais tarde, o levará a acreditar que é possível e à possibilidade empurrá-lo para a ação. O sonho vem imediatamente em seguida.

QUE VALORES REGEM SUA VIDA?

E você, sabe quem é? Se pensa que você é o que faz ou o que tem, está longe de ser alguma coisa e afirmo isso porque existe, de fato, uma enorme diferença entre o que somos e o restante. A diferença é tão gritante quanto perigosa e tão consciente quanto inconsciente. Quantas vezes você já disse que era o seu trabalho ou sua família? Ou que era uma pessoa de sucesso porque tem determinados bens materiais ou é filho(a) desta ou daquela pessoa? Ou ainda que é o corpo mais escultural do seu grupo de amizades? Tenho a certeza de que já viveu, pelo menos, uma ou outra coisa desse gênero, mas a verdade é que nada disso é o que você é e, se continuar pensando assim, garanto, mais cedo ou mais tarde, sentirá na pele o perigo e a vergonha de um dia ter acreditado nisso. Aconteceu a mim uma vez, durante uma sessão de *coaching*, a seguinte conversa com a pessoa à minha frente (não gosto da palavra "cliente"):

– Há algum assunto, em particular, sobre o qual quer falar?

– São tantos que nem sei...

– Claro que sabe.

– Não estou bem. Não me sinto bem comigo, com nada do que faço, nada!

– Fala um pouco sobre você. Quem é você?

– Chamo me "Maria", tenho 32 anos e sou atriz.

– É o quê?

– Atriz.

– E quando não está trabalhando é o quê? Desempregada?

Ela riu.

– Eu não.

– Então...

– Então, o quê?

– É isso...

– É isso, o quê?

– De repente não sou nada...

Ela começou a chorar. Eu continuei.

– Nada?

– Sei lá...

– Quem era você antes de começar a trabalhar como atriz?

– Uma menina cheia de sonhos, feliz, livre...

– Por que perdeu essa noção de quem era e a trocou pelo que faz?

– Como assim?

– Onde está a menina cheia de valores?

– Não sei...

– Como se sente a atriz?

– Frustrada.

– Por quê?

– Porque estou farta de trabalhar aqui e queria experimentar o mercado inglês.

– O que tem feito para isso acontecer?

– Nada de especial.

– O que a menina sonhadora, feliz e livre faria?

Emocionou se de novo.

– Tudo. Não tinha medo de nada...

– Vamos à procura dela?

Resumidamente, foi que aconteceu. Depois, o processo se alongou, ela recuperou sua criança interior e passou à ação.

Agora, que conclusões podemos retirar dessa sessão?

Sempre que misturamos o que fazemos com o que somos ou quando assumimos que somos o que fazemos, e muitas vezes isso se dá nas barbas da nossa inconsciência, corremos o risco de perder o controle das nossas vidas. Começamos a viver à mercê de um conjunto de fatores que não podemos dominar, sendo facilmente manuseados por marés de sorte ou de azar e entregar nossa vida ao acaso ou às escolhas dos outros é o pior cenário em que podemos viver.

Pense em você. Quantas vezes já andou tropeçando por episódios como esse? Quantas vezes, consciente ou inconscientemente, já julgou ser o que fazia? O que ganhou com isso? E quando deixou de fazê-lo, o que perdeu? Mas por que foi que você se assumiu num trabalho? Seria para esconder o resto da sua vida? A sua resposta a essas questões é importante, no sentido de que é fundamental que perceba a forma como deve estar atento ao que pensa e diz. Os pensamentos geram palavras e as palavras se materializam em ações. Acredite no seguinte: Você é muito, mas muito além de tudo o que possa fazer.

Assim como é muito além de tudo o que possa ter, sejam bens materiais ou uma notável aparência física. O dinheiro compra e o corpo se molda, mas você nunca será o valor da moeda nem a forma do seu corpo.

Então, quem é você, afinal?

Você é um conjunto de valores! Se o respeitar, será feliz; se não o respeitar, será infeliz. Claro como a água. Sabe quais são os valores que regem a sua vida? Os valores que estão na base das suas palavras e que justificam as suas ações? Os valores que significam o sucesso ou o insucesso profissional e relacional em sua vida? Se tiver dúvidas ou se, simplesmente, nunca tiver pensado bem nisso, não faz mal; proponho deixar a você, seguidamente, uma série de exemplos com os quais possa se identificar e assim, mais facilmente, poderá começar a avaliar o que de mais importante há em você. Sempre é tempo.

Honestidade	Coerência	Alegria	Aventura
Sinceridade	Estabilidade	Crescimento	Pontualidade
Amor	Divertimento	Amizade	Criatividade
Respeito	Lealdade	Sucesso	Saúde
Poder	Segurança	Beleza	Excelência
Consciência	Liberdade	Equilíbrio	Humor

A sua base é o conjunto de algumas dessas palavrinhas que, somadas às suas, fazem de você quem é. Os seus valores não nascem com você nem muito menos são aprendidos nas escolas, nas igrejas ou em casa. Nesses espaços, por mais bem intencionados que sejam, tentam incutir em você o que para o sistema, para Deus e para a sua família é o mais correto. Acontece que, e preste atenção, isso é sempre muito limitador. E por quê? Porque você não é eles. Você não tem de ser sempre socialmente correto, não tem de ser a eterna ovelha que segue as pisadas do pastor no púlpito nem o conjunto de virtudes ou receios que os seus pais somaram ao longo da vida deles. Você é mais, é sempre mais! Você é você, especial e precioso. Os seus valores nascem da sua experiência, da forma como você se relaciona com o resultado do que viveu e com a sua única e exclusiva concepção de mundo. O que para você significa "Honestidade" pode ser completamente diferente do que significa para mim, para a sociedade, para a religião ou para os seus educadores e não há mal nenhum nisso, por isso lhe digo para não siga os passos deles se em você morar outra verdade. Ninguém tem o direito de interferir em quem você é. Será influenciado se assim o escolher e isso poderá ser ótimo ou uma enorme lição. Lembre-se da enorme lista de tudo o que ouviu e tentaram ensinar a você ao longo da sua vida, recorde do que lhe disseram, inúmeras vezes, que podia e não podia fazer, do que era correto e não era correto, das vezes que o castigaram por nada de especial, na sua opinião, e o julgaram por uma boa ação.

Dedique o tempo que achar suficiente a esse conjunto de memórias. É importante que o faça.

Acabou? Então, em vez de ficar com esse sentimento de injustiça, manipulação e desagrado, responsabilize-se por ter permitido tanto e toma de uma vez por todas as rédeas da sua vida. Recorde agora,do que já sabe e aprendeu com as suas escolhas, das vezes em que foi feliz por quebrar as regras, do gosto que teve por ter um segredo só seu, das vezes em que riu e se sentiu feliz quando foi exatamente o que queria ser em determinado momento.

Uma vez mais, dedique algum tempo a esta experiência. Até aconselho você a fechar os olhos e viajar. Perceberá, assim que o fizer, que se, neste momento, se encontrar triste ou desiludido, a angústia passará num instante.

Já abriu os olhos? Sente-se melhor, certo? E por quê? Porque é aí que está o seu verdadeiro "Eu". O "Eu" das conquistas, das gargalhadas, livre e feliz.

Com isso, obviamente, não estou dizendo a você que deva ser um grande maluco ou completamente varrido da cabeça, quer dizer, você até pode ser, mas assumirá e viverá, posteriormente, os seus atos e as suas respectivas consequências. Essa abordagem, pelo contrário, pretende levar você ao seu amago, ao seu tesouro escondido, a você mesmo. Definitivamente, a você, pois é precisamente depois de se encontrar que terá início a verdadeira e saborosa viagem da qual depois apenas lhe restará ser inteligente na gestão, equilibrado e consciente dos acontecimentos inerentes à vida, a fim de assentar quem você é e o seu mundo no mundo em que vive.

EXERCÍCIO 2

Vá até o Anexo 2, empunhe a caneta a seu lado e observe o círculo que apresento. O que tem à frente, dividida em dez fatias iguais, é uma Roda de Valores e pretendo você crie a sua. Sei do impacto profundo deste exercício, pois, não tenha dúvidas, você vai começar a se questionar. Agora, se alguns dos exemplos de valores que lhe dei antes fizerem algum sentido para você e parte da sua concepção de mundo, muito bem, coloque os individualmente em cada fatia. Se não houver qualquer identificação, tudo bem também; escolha outros e faça o mesmo. O objetivo é espalhar os seus dez principais valores, enquanto "Eu" nessa roda. E friso, enquanto "Eu", porque você pode fazer este exercício para a sua vida profissional e para os seus relacionamentos. Diferentes valores podem surgir para diferentes contextos. É uma escolha para a qual não deve limitar seu tempo.

Pronto? Em seguida, numa escala de zero a dez, sendo que "0" significa nada e "10" o máximo, pontue o nível em que você se encontra neste exato momento, perante cada um dos valores escolhidos. Seja honesto.

Analise, pondere, aja!

QUAL O SEU OBJETIVO NESTE MOMENTO E COMO PODE DEFINI LO?

Através da técnica de *coaching*, existem variadas formas de levar a pessoa a estabelecer objetivos, estratégias e planos de ação para a sua vida. Ainda assim, e como não estamos os dois confinados a um espaço no qual eu possa trabalhar diretamente com você, vou deixar aqui o que penso ser o fio condutor para alguém que se toma ou quer se tomar como prioridade em sua própria vida e que por isso está muito perto de saber quem verdadeiramente é e o que deseja para si.

Qualquer dia que comece sem um objetivo, está, a princípio, condenado ao "era melhor não ter saído da cama". Como tal, torna se fundamental saber o que quer, o que tem e o que pode fazer sempre que o sol nasce. Um simples objetivo é, na realidade, suficiente para motivá-lo a viver todo o dia pela frente, pois aniquila todo e qualquer sentimento de inutilidade, ansiedade e frustração que esteja vivendo. Tão simples e ao mesmo tempo tão complicado. Tão complicado porque sei, por experiência própria e pelo que ouço em minhas sessões e palestras, que nem sempre é fácil ter um objetivo diário. Ou melhor, muitas das vezes até o temos, mas como estamos desprovidos de estratégia, a ação nunca acontece.

Mas vamos por partes. Um objetivo é algo nato, pois ainda que de forma inconsciente, o objetivo de cada bebê, por exemplo, é se tornar autônomo, engatinhando primeiro, agarrando se às coisas depois até, por fim, começar a andar. Essa sensação de querermos sempre mais ou melhor é algo que nasce conosco e que apenas deixa de fazer sentido quando o estado emocional da pessoa é tão depressivo que ela opta por desistir. Ter objetivos é como ter fome e comer, ou seja, ter fome de vida e viver. Normalmente, um objetivo é algo que está sempre à mão, podendo ser o início de uma virada de 180 graus ou, simplesmente, a materialização de algo que se deseja fazer, mas atenção, todo e qualquer objetivo tem de ser estritamente pessoal, ou seja, nunca poderá definir como objetivo seu o desejo de que alguém seja feliz, encontre a pessoa certa ou tenha toda a sorte do mundo. Depois existe esta vantagem maravilhosa, os objetivos não são esquisitos, eles se deixam definir mesmo que você não saiba quem é, sendo infeliz ou completamente ausente de todo e qualquer conhecimento sobre a paixão. O único requisito que essa formulação exige é fazer parte de uma lista de intenções suas.

Para que consiga definir corretamente um objetivo, é necessário levar em conta as seguintes questões:

– A sua concretização tem de depender de você.
– Tem de respeitar os seus valores e, assim, gerar identificação.
– Tem de acreditar que é exequível.
– Tem de ser determinado de forma positiva.
– Tem de ser tão especifico quanto possível. Quando? Onde? Com quem?
– Tem de definir uma data concreta para a sua concretização.
– Tem de saber o que ganhará com ele.

Parece difícil? Não é. Muita informação? Nada disso.

Vou dar um exemplo pessoal. A materialização deste livro é um sonho meu. Ainda assim, e para tal ter se tornado possível, precisei criar objetivos diários que me permitissem atingir o meu propósito. Quase por brincadeira e sem grandes expectativas acerca do meu desempenho, acabei me dando um prazo bastante longo, com o qual podia, inclusive, ir de férias durante três meses, escrever somente de dois em dois dias ou apenas algumas horas na parte da manhã. Fiz isso, assim, tão descontraidamente porque, na época, não havia nada de concreto em minha cabeça, ninguém sabia sequer que eu o estava escrevendo e, aliás, eu próprio tinha bastante reticências em relação à minha capacidade para fazê lo. Ora, isto, apesar de poder ser um ponto de partida válido como acabou sendo, é sempre um exemplo ruim, pois raramente se consegue materializar seja o que for com tanta displicência e ausência de convicção. Assim fui eu, assim somos todos, nem que seja apenas de vez em quando. E por quê? Primeiro porque muitas vezes não sabemos se conseguimos chegar ao fim, se valerá a pena ou, simplesmente, o que queremos de verdade. Agora, é importante salientar que a ideia de começar a escrever sem nenhuma regra só acabou sendo o tal ponto de partida válido porque percebi, bem a tempo, que uma prolongada e previsível parada ou tanta indisciplina iriam me fazer desnortear o foco e perder a motivação. Assim, a soma das páginas que aqui você vê só começou a ser, verdadeiramente, visível quando escolhi encurtar, de forma abrupta, o "plano inicial" com o qual havia me comprometido e redefinido sua data de conclusão para dessa forma, me convidar a sentar na cadeira em frente ao computador, todos os dias, com a consciência exata do que queria naquelas 24 horas. Assim foi:

Objetivo: Escrever duas páginas por dia.

– Apenas dependia de mim.

– Os meus valores estão intrínsecos neste trabalho e me identificava com perfeição ao que estava escrevendo.

– Duas páginas, por mais ou menos inspiração que sentisse, era exequível.

– O objetivo era positivo, pois pressupunha ação e a realização de algo.

– Quando? Hoje. Onde? No meu escritório. Com quem? Sozinho, outras vezes com Deus e com as pessoas que amo e que já passaram para o outro lado.

– Até o final do dia.

– Caminho a passos largos para o meu sonho e, assim, cumpro com a minha missão.

Como vê, nada de complicado. Redefinir um objetivo é, muitas vezes, tudo o que precisamos para nos colocar perante um novo desafio, e um atestado de competência.

QUE ESTRATÉGIA VAI TOMAR PARA ATINGIR O SEU OBJETIVO?

Agora, e com alguma legitimidade, você podia me perguntar qual era a minha estratégia. Sim, porque atenção, por melhor formulado que esteja o seu objetivo, nunca se materializará se você não tiver uma estratégia à altura. Exatamente, a tática, digamos assim, é o fio condutor da sua ação, o que o impele a cumprir com o que definiu. A minha, por exemplo, era me levantar todos os dias por volta das sete da manhã, passear com meu cachorro, comer qualquer coisa e sentar em frente ao computador as horas necessárias até ter o meu objetivo consumado. Simples, certo? Nada disso. É muito mais fácil definir um objetivo que encontrar uma estratégia. E o sono? E o frio? E os dias em que trabalhava no programa de televisão *Querido, Mudei a Casa*, nas séries das quais fiz parte do elenco ou em que precisava de estar

100% focado no que ia dizer em minhas sessões de *coaching* e em minhas palestras? E os *hobbies*? E as pessoas? A estratégia passa por uma profunda adaptação e gestão dos nossos recursos. Aqui obrigatoriamente você terá de ser a sua prioridade e saber definir o que é prioritário naquele momento da sua vida, isto, claro, se quiser levar as suas intenções a um bom patamar. Quando não conseguia escrever a hora que havia determinado, fosse por que razão fosse, teria de fazê lo noutro espaço do dia e quando, por motivos óbvios, não conseguia completar as duas páginas a que semanas antes me havia proposto, o que ficara em falta nesse dia era somado ao objetivo do dia seguinte.

Agora, atenção às estratégias de sabotagem.

No que diz respeito ao meu objetivo, existia o risco de acumular sempre para a manhã seguinte o que não havia sido feito no próprio dia e agora imagine que durante uma semana inteira não tinha tido qualquer oportunidade de me sentar em frente ao computador para escrever. Naturalmente, e sem que desse conta, as coisas chegariam a um ponto em que, definitivamente, se tornaria impossível cumprir ou, sequer, tentar compensar aquilo a que me havia proposto. A frustração seria o primeiro sinal desse descumprimento e não existe ninguém que, frustrado, consiga retomar o caminho delineado pela estratégia que escolheu de forma confiante. Mas, inconscientemente, pelo cansaço ou pelo acúmulo de agenda, podia optar pela estratégia de ficar eternamente à espera de que a inspiração "descesse" e, se assim fosse, estaria igualmente sabotando meu objetivo, pois o pouco tempo que me restava seria, mais cedo ou mais tarde, investido em culpar o divino pela ausência de criação. Quantas vezes você já teve um objetivo bem definido e permitiu que uma estratégia de sabotagem aniquilasse os planos e virasse o jogo contra você? A única forma disso não acontecer é definindo objetivos altamente motivantes que respeitem rigorosamente os critérios que já me referi, pois é na tomada de consciência do que tem pela frente que você encontrará a forma de se superar e o total empenhamento que precisa para alcançar os seus objetivos.

Mais uma coisa, e porque não há problema sem solução, se o objetivo a que se propôs tiver, por qualquer motivo de força maior, deixado de ser exequível, mas ainda o desejar como no princípio, pense em mudar de estratégia. Redefina a tática e comece do zero. Vou dar novamente o meu exemplo. Em vez de estar me pressionando e culpando a Deus e a "ordem dos anjos" pelo descumprimento consecutivo do que havia me proposto, estipulo que daqui a dez dias, a hora tal, volto ao meu objetivo diário. Assim, troco a turbulência por dias de paz, foco na agenda que tenho pela frente e no que preciso fazer de imediato e me mantenho motivado, pois vivo com a convicção de quando começarei a escrever de novo.

Redefinir uma estratégia é, muitas vezes, tudo o que precisamos para voltar a entrar nos eixos.

AÇÃO. PREPARADO?

Tudo se consegue através da ação e nada se alcança sem ela, portanto, aquela ideia das coisas que caem do céu é estapafúrdia, a não ser que nós estejamos nos referindo à chuva porque, verdade seja dita, até para se ganhar na Loteria é preciso jogar primeiro. A ação está, assim, intimamente ligada ao mérito.

Agora, a ação é igual para tudo e todos ou existem formas de potenciá la? É claro que tudo pode ser potencializado. Eu posso dar um pontapé numa bola de duas maneiras, uma apenas a afastará de mim e a outra fará gol. Depende do que? Do nosso objetivo e da estratégia que delineamos para conseguir atingi lo da forma mais eficaz possível.

Um objetivo bem formulado e uma estratégia à altura são motivação suficiente para você estar sempre com mais ou menos tempo, inspirado ou bloqueado, em ação.

— Qual o objetivo que, por má definição ou pouca estratégia, você nunca chegou a concretizar, mas ainda faz sentido para você?

Resposta:____

— Quer tentar de novo? Quanto de 0 10?

Resposta:____

Como já mencionei, através da formação do *coaching* aprendi inúmeras fórmulas para a criação de objetivos e definição de estratégias, ainda assim, apresento a você aquela que, neste momento, melhor serve ao livro e poderá servir a você. As pessoas, hoje em dia, buscam melhores resultados no menor espaço de tempo possível e, como tal, o exemplo abaixo, e dando continuidade ao meu objetivo dos "livros", é aquele que denotei ser através da experiência o que melhor se alinha com a realidade na qual estamos inseridos. O que irá ler foi precisamente o que eu escrevi numa época em que andava profundamente sem inspiração e desmotivado com o desenrolar do meu terceiro romance, *A Dança da Vida*. Alerto você de que esse pedaço de papel no qual assinei o meu compromisso comigo mesmo, e que ainda hoje guardo, foi e continua sendo transformador. Não só me empurrou para o culminar do romance em tempo recorde, como também ainda me serve de exemplo para outros tantos desafios em minha vida.

O Método j"RPMk" (Rapid Planning Method) abrange, apesar de interligadas, três áreas distintas: Resultado, Propósito e Plano de Ação Massiva. No Resultado, é proposto que se crie uma frase fundamentada em seus valores e que, ao lê-la, isso seja altamente motivante para a concretização do seu objetivo. A seguir, você terá igualmente de indicar a data da sua materialização, ou seja, a assinatura do seu compromisso com você e com o tempo. Depois, em Propósito, é pedido a você que frise quais os motivos que o levam a querer atingir o mesmo objetivo e, por último, no Plano de Ação Massiva, você terá a oportunidade de delinear a sua estratégia, rumo à ação e à concretização daquilo a que se propôs.

Foi assim, em outubro de 2009:

– Resultado: "Escrevo nos livros as alegrias e os fracassos da minha própria vida e crio, neles, personagens do que fui e do que sou, baseando me, sempre, na entrega com que me dedico às coisas e confiando, profundamente, em minha autodisciplina".

Data da consumação do objetivo:
21 02 2010

– Propósito:

• Pretendo me tornar um autor reconhecido pela mensagem de amor, esperança e paz.
• Pretendo chegar ao coração das pessoas.
• Porque sou apaixonado pela palavra e reconheço nela um poder imensurável.
• Porque encontro, quando escrevo, o sentido da minha missão.

• Porque amo viver e compartilhar a minha experiência.
• Porque gosto de saber que, eventualmente, fiz algo que possa ter contribuído para o bem estar de alguém.
• Porque quando escrevo, não tenho problemas nem vivo assustado com nada.

– Plano de Ação Massiva:

• Escrever 5 dias por semana, 250 linhas, ou seja, 50 linhas por cada dia em que escrevo.
• Mais momentos de introspeção. Ir uma vez por semana à praia ver o mar ou à varanda para ficar olhando o céu e alinhando minhas ideias.
• Desvincular me do ruído, de pessoas e coisas que me desfoquem da energia que preciso.
• Ver filmes e ouvir músicas que se identifiquem com o que estou escrevendo.

Entendeu o poder do exercício?

Em cada letra minha estava um compromisso comigo mesmo. Em cada linha um passo a mais rumo ao sonho, no papel inteiro um prometido diploma de mérito. A data que, na época, apresentei era bastante desafiante, ainda assim, foi cumprida; aliás, devo confessar que terminei o romance três dias antes, ou seja, no dia 18 de fevereiro. Foi uma caminhada intensa, muitas vezes dolorosa e isolada de quase tudo. Sempre que vivemos nosso sonho, aqueles que, verdadeiramente, nos amam não cobram a nossa ausência e as coisas que temos não deixam de ser nossas por, simplesmente, as usarmos menos vezes. Sempre que o cansaço me engolia, voltava a ler o que havia escrito naquele papel mágico, ia para a cama e, no dia seguinte, sentia me novo, perfeitamente restabelecido para outras tantas linhas. Foi assim que *A Dança da Vida* chegou a livro e foi publicada em novembro de 2010.

EXERCÍCIO 3

Chegou a sua vez. Vá até o Anexo 3 e dê oportunidade ao objetivo que mais o apaixona ou àquele que, neste momento, faz mais sentido para você. Lembre-se de todos os tópicos e se entregue. Depois, quando já tiver encontrado o caminho e, por algum motivo, sentir necessidade, leia a si mesmo, pois você será sempre aquele que escreveu o que lê e nunca aquele que está pensando em desistir.

SUMÁRIO

— A prioridade não é passar à frente de ninguém, é simplesmente passar, assumindo as suas ideias perante as dos outros, e seguir em frente com elas.
— Você só conseguirá expressar o verdadeiro amor incondicional a partir do momento em que for prioridade em sua vida.
— Sendo prioridade a si mesmo, você é feliz.
— Questione-se! Saberá quem é imediatamente a seguir.
— Você é a soma dos seus valores. Nada mais.
— Por melhor e consciente que seja um objetivo, nunca chegará a materializá lo se, com ele, não estiver definida uma estratégia em conformidade.
— Quanto mais objetivo for, mais objetivos conseguirá determinar, melhores estratégias conseguirá desenvolver e mais ação correrá por suas veias.
— A ação determinará o resultado da sua vida.

2

Por que temos tanto medo de arriscar?

O MEDO É O NOSSO MAIOR OBSTÁCULO – BLOQUEIOS, PRECONCEITOS E MEDOS

Muitas vezes já sabemos o que queremos, quais são os próximos passos a dar rumo à concretização do nosso desejo e, ainda assim, não passamos à ação. Onde estamos ancorados, afinal? O que nos prende? O maior inimigo da ação é o medo e é precisamente ele que nos impede de agir e, por consequência, de atingir os nossos objetivos. O medo nos amarra à mente e ainda que o corpo esteja solto que nem uma mola e fresco como uma alface, nada conseguirá fazer. A única arma capaz de deter esse monstro é a coragem, pois só munidos dela conseguiremos encará-lo de frente e, pode acreditar, uma vez olhos nos olhos, o medo desiste sempre primeiro. E desiste por quê? Porque o medo é uma criação da nossa cabeça. Nós o inventamos dando razão aos nossos educadores, acreditando que os medos deles eram também os nossos, ou então quando tivemos uma experiência pessoal menos feliz que tivemos com algo ou alguém, ficando com medo de sofrer de novo, de ser novamente enganado ou incapaz outra vez. Independentemente do que sinta e qual a razão para o sentir, uma verdade é absoluta, apenas você conseguirá derrotá-lo, mas para isso precisa da composição emocional da coragem, ou seja, de uma pitada de autoestima, de confiança e de amor-próprio. Esses três elementos são essenciais para fazer frente ao medo, mas não só isso, é que além do monstro do qual já falamos existem ainda mais dois fantasmas chatos e incômodos que, não raras vezes, andam sempre com ele, os bloqueios e os preconceitos. Ora se, por um lado, o medo impede você de agir pelo que possa encontrar no futuro, por outro, os bloqueios o impedem de agir pelo que viveu e não ultrapassou no passado, enquanto os preconceitos o acorrentam o presente devido a uma educação muito restrita ou convicções limitadoras. Assim, se tiver uma boa imagem de si mesmo, a audácia de arriscar e se tratar convenientemente; é como se estivesse munido de um turbo que o possibilite ter um rendimento extra, quando comparado com os demais. É uma espécie de *tunning* da gente. Acontece que essa potência a mais, nata em todos os seres humanos, é, na grande maioria dos casos, sabotada e pouco aproveitada. Refiro-me, particularmente, àquela voz que, em situações limite, o encoraja e motiva a ir um pouco mais além, uma providência de força para continuar a caminhar mesmo que a dor ou o cansaço o seduzam a desistir, que o alegra na doença e o acompanha na solidão, aquela voz que enche você de sagacidade e que faz de você alguém com um poder ilimitado. Sabe de que voz estou falando? Já experimentou a sensação de ultrapassar a barreira da fadiga ou de ser empurrado através e além da dor? Desejo que sim, que me entenda. É que, por vezes, você sabe tão bem entregar o corpo e a mente a essa outra parte de nós, mais clarividente e consciente, sabe tão bem navegar para lá do imaginável, atravessar fronteiras até então desconhecidas e com ela potenciar a nossa *performance* e o nosso comportamento perante os desafios e as adversidades. São expressões como "Amo você", "Você é capaz", "Você é um guerreiro", "Força", "A vida é linda" ou "Você merece" que dançam em meus ouvidos quando mais preciso, quando meu corpo acredita que já deu tudo e minha mente, por si só, já não tem mais imaginação nem foco para me dar carona. É uma sensação maravilhosa, ter esses três mosqueteiros comigo. É mesmo "um por todos e todos por um".

Se você nunca ouviu essa voz ou se ela anda envergonhada há muito tempo, acredito que, ao tomar consciência dela ou ao ser relembrado da sua existência e dos benefícios que dela podem advir, também sinta vontade de fazer um *upgrade* a si mesmo ou um *tunning* a quem é.

Parece que estou ouvindo você agora:

– Então, isso é tudo muito bonito, mas como ela fala comigo?

Passo a explicar o trabalho que fiz em minha garagem.

PRIMEIRO PASSO: ANÁLISE

Esta é uma alteração exclusivamente interior. Até pode interferir em sua estética, mas o seu curso natural é de dentro para fora. Aliás, aconselho você, desde já, a escrever isto na parede do seu quarto: "*A solução para todos os meus problemas e para tudo o que me acontece está em mim e nunca fora de mim*". Isso é uma regra que não admito negociar. Assim, procure encontrar a origem do silêncio absoluto nos momentos em que mais precisa daquela força extra. Procure se encontrar. Onde você está quando mais precisa de si mesmo?

SEGUNDO PASSO: DESMONTAR O MOTOR

Esta transformação exige, a princípio, uma predisposição total, ou seja, você deve possuir a convicção de que nunca está sozinho nem abandonado e a certeza do que quer. Desconstrua-se. Tire a máscara, dispa-se do ego e se deixe estar vulnerável, pois é a única forma de conseguir chegar a si mesmo.

TERCEIRO PASSO: VERIFICAR PEÇAS

Nesta fase, você deve estar particularmente atento aos filtros, ou seja, aos bloqueios, preconceitos e medos que são lixo que entopem seus circuitos e sufocam o "Agora", tirando seu foco, força e potência para agir. Os bloqueios se referem a tudo relacionado a seu passado, os preconceitos ao presente e os medos ao futuro, ou seja, não você pode esperar ser bem-sucedido em nada se alguma dessas deficiências estiver prejudicando sua entrada de ar.

Vou dar um exemplo, uma aula de grupo numa academia de ginástica.

Se partir para o desafio, imaginemos que seja pedalar 50 minutos, pensando que, por ter tentado uma vez e falhado redondamente, não vai conseguir chegar de novo ao fim, ou se o desafio implicar em alguns constrangimentos como suar muito, eventualmente, cheirar mal e gritar, ou se o assustar o que vão os outros pensar de você no dia seguinte e à medida que for cruzando com eles nos vestiários, nem adianta tentar. Não espere de maneira nenhuma ouvir a voz interior, aquela que, a mim, nos últimos 15 minutos de aula, me dá um tremendo fulgor, me amplia os pulmões e me incentiva com expressões que já compartilhei com você. O sucesso, seja para o que for, pressupõe entrega e a entrega uma mente livre, pois só essa liberdade pode facultar ao corpo todo o tipo de experiências que precisa ter para ser feliz.

Outros exemplos, e segundo a mesma convicção, podem ser aplicados à saúde, aos estudos, à profissão ou à família e ao amor.

QUARTO PASSO: MONTAGEM

Uma vez identificada e reparada a origem do problema, parta para o desafio. Vá confiante e verá que, quando mais precisar, algo (a que você pode chamar do que quiser: Deus, o seu "Eu interior", anjos, guias, mestres, energia e afins) soprará em suas costas, fazendo você chegar mais longe, mais rápido e em melhores condições do que jamais imaginou. Tudo tem de partir de você, o resto acontecerá.

ORÇAMENTO

Mesmo que leve anos, não se preocupe com isso. A sua transformação não tem preço. É muito valiosa para ser quantificada em números.

— Aonde gostaria de chegar, mas não tem coragem de partir?

Resposta:____

— O que o limita? Um bloqueio, um preconceito ou um medo?

Resposta:____

— Qual?

Resposta:____

— O que poderá ganhar caso atreva a se arriscar?

Resposta:____

O medo de arriscar ou a ausência de coragem nos impossibilita de chegar àquele que, imediatamente depois de você, é, na minha opinião, o bem mais valioso desta vida. As pessoas. Ainda que nunca possamos tê-las – ninguém é de ninguém e apenas você é de si mesmo – a partir do ponto em que em que juntos vivemos um momento e nos entregamos a elas, nós nos tornamos gigantes. Crescemos porque a felicidade é maior quando compartilhada, porque o abraço e o beijo duplicam a vontade e a razão de viver. Quais foram até hoje os momentos mais fantásticos da sua vida? Estava sozinho ou com alguém? O que aconteceu? Tenho a certeza de que estava acompanhado na maioria dessas recordações. E é fácil chegar a essa conclusão, sabe por quê? Porque as pessoas são o transporte para as nossas emoções e as nossas memórias são o conjunto de nossas experiências emocionais. Pessoas e emoções andam de mãos dadas e juntas, representam a eterna oportunidade de sermos mais e melhores. Por quê? Porque a intenção da emoção é nos levar à ação e, quando você vive e arrisca, se torna maior. Por isso, e um pouco mais, é fundamental tratar bem os outros, cuidar deles e tê-los ao nosso lado. Eles são a água que mata sua sede, as vozes que reconhecem suas vitórias pessoais, o beijo que o aviva, os braços que o amparam e erguem quando, exausto e vindo do silêncio, descobre um pouco mais de si mesmo. Juntos, podemos conquistar nações, vencer os desafios mais exigentes, partilhar agonias até ao alívio e, acima de tudo, somar alegrias à nossa vida.

Comprometa-se em analisar o momento que está vivendo, na próxima vez em que estiver vibrando com um jogo de futebol, na próxima reuniãozinha só de meninas, no sexo, no amor, no cinema, lendo um livro, na praia ou mesmo em casa, no Facebook, etc., e depois me diz se não é verdade: as pessoas estão em todo o lado, até na cama quando você está sozinho, vagando em seus pensamentos. Percebe, agora, a verdadeira importância de quem está em casa com você, na rua ou do outro lado da linha telefônica? A importância da comunicação, do afeto e da entrega? Cada pessoa pode ser, se assim escolher, um passaporte vitalício para um lugar, para um sabor, para um arrepio, uma memória que poderá resgatar a qualquer instante da sua existência e isso, garanto, se traduzirá, a longo prazo, numa extensão da sua qualidade de vida.

Por outro lado, é importante saber que, apesar dessa parafernália de coisas boas, não precisa gostar de todo mundo, fazer com que todos gostem de você nem, muito menos, falar com o mundo inteiro. Respeitar as pessoas é uma coisa, querê-las em nossa vida é outra. O seu amor-próprio o ajudará nessa distinção, ele é o seu motor do "Não". Se você se amar, em primeiro lugar, não custará dizer "Não" seja a quem for, aliás, é fundamental que o faça, e que não se deixe absorver nem influenciar pela estratégia, tão recorrente, da vitimização. Lembre-se de que as pessoas são emoções para a sua vida e se você não souber se resguardar, emoções perigosas – como o medo, a frustração, a desilusão, a raiva e a culpa – tomarão posse dos seus pensamentos, dos seus dias e do seu corpo até o vencerem e levarem para a cama de um hospital. As pessoas, por si só e apesar da sua extrema importância, não representarão qualquer ameaça para você, desde que saiba distinguir quem é a prioridade em sua vida. Ao contrário, se negligenciar a exclusividade desse direito, poderá e virá a ter problemas. Você pode controlar as emoções, logo, pode, também, controlar as pessoas. É um poder seu, não seja indiferente a isso.

O medo gera emoções negativas e dores incalculáveis, a coragem gera emoções positivas e momentos inesquecíveis.

— De zero a dez onde se situa, neste momento, o seu amor-próprio?
Resposta:____
— As suas últimas experiências foram momentos inesquecíveis ou dores incalculáveis?
Resposta:____
— Que relação encontra entre as respostas que deu?
Resposta:____
— O que você realmente sente em relação às pessoas?
Resposta:____
— Você é seletivo em relação às pessoas que chegam à sua vida ou simplesmente não sabe dizer "Não"?
Resposta:____
— O que ganhou com isso?
Resposta:____
— O que perdeu?
Resposta:____
— O que precisa mudar?
Resposta:____

CONVICÇÕES LIMITADORAS

Uma convicção limitadora é uma certeza de que você é limitado. É uma crença a seu próprio respeito que acaba levantando densas barreiras não só ao seu aprendizado como também à vivência de inúmeras experiências. Ainda que sejam meras suposições sobre a realidade, não sendo, por isso, verdadeiras, todas as convicções limitadoras afastam você dos seus objetivos e daquilo que, na maioria das vezes, verdadeiramente gostaria de viver.

Gosto sempre de associar essa temática à paixão.

E faço isso porque acredito que todos nós temos uma enorme paixão por estarmos apaixonados, logo, as imagens do que perdemos por estarmos tão convictos do quanto limitados somos, são tão fortes, quase agressivas, que, num ápice, podemos tomar a consciência do que andamos desperdiçando tanta coisa e mudar de atitude no segundo seguinte.

Estar apaixonado é a melhor coisa do mundo. Quantas vezes você já disse ou ouviu alguém dizer isso? De fato, há uma tendência generalizada para associar à paixão alguns dos melhores momentos ou fases da nossa vida e isso está 100% correto, pois o tão almejado estado de felicidade só pode ser, verdadeiramente, alcançado quando pomos paixão em tudo o que somos, temos e fazemos.

Pegue como exemplo aquela história na qual se apaixonou perdidamente por aquela pessoa. Como começou? Quais foram as coisas que sentiu e nunca havia sentido? Quais foram as coisas que fez e nunca havia feito? Quais foram as coisas que viveu e pensava não existirem? Ultrapassou os seus limites? Foi surpreendido? Está atento às imagens e às respostas que estão passando em sua mente. Foi bom? Gostaria de viver tudo de novo com a mesma pessoa ou com outra qualquer? Acredito que sim. Agora me diga, essas memorias são suficientes para, hoje em dia, você ser feliz? Tem o condão de alimentá-lo quando não está apaixonado? Puxam você para cima, quando está mais pra baixo? Acredito que não. E por quê? Porque elas não estão acontecendo "Agora". Porque "Agora" você é limitado. A paixão pode e deve ser muito mais do que estar apaixonado por alguém. Esse é o fogo que move você, que o faz sentir, fazer e viver coisas novas, que o leva a ultrapassar os limites que julgava ter e que você possui a capacidade, renovada e infinita, de surpreendê-lo. O seu desafio passa "Agora" por tentar encontrar, entre todo o lixo que depositou em você, algo que o apaixone, que mexa, finalmente, com você e para isso basta levantar os olhos. A vida é apaixonante.

Há uma tendência generalizada para se pensar que uma determinada opinião é um fato e que, portanto, não há nenhuma necessidade de se observarem outras perspectivas ou que, perante um desafio, só há um único caminho. Ou então, que, o simples fato de estarmos tão habituados ao nosso padrão de comportamento, é justificativa mais do que suficiente para não nos permitirmos evitá-lo ou substitui-lo.

Tenho um termo técnico para isso: Balela!

As convicções limitadoras mais frequentes, aquelas que o afastam da paixão, têm todas origem no medo:

– Você tem medo de não ser suficientemente bom para viver uma paixão.
– Você tem medo de, ao vivê-la, não ser correspondido.
– Você tem medo de falhar.
– Você tem medo de ser rejeitado.
– Você tem medo da magnitude da experiência.
– Você tem medo de ser bem-sucedido.

Enfim, esses são apenas alguns exemplos do que o impede de andar para a frente e, por consequência, de acordar bem-disposto, viver apaixonado pelo seu trabalho, com as pessoas à sua volta e ser feliz.

— No seu entender, qual é a convicção sobre si mesmo que está limitando a sua paixão?

Resposta:____

— O que você tem ganhado por acreditar nisso?

Resposta:____

Por outro lado, uma convicção bem dirigida, ou potencializadora, é como um sistema de navegação. Permite-nos, mesmo não conhecendo o caminho, chegar aonde desejamos, sempre certos de que as escolhas que fazemos são as mais acertadas, rumo ao objetivo final. Alguns exemplos a seguir:

– Tudo é possível!

– Eu sou capaz!
– Eu sou merecedor!

Convicções limitadoras geram vidas limitadas.
Convicções potencializadoras geram vidas felizes.

— Qual é a convicção potencializadora oposta à que o limita?
Resposta:____
— De que forma essa nova convicção permite você de viver a paixão que sempre desejou?
Resposta:____

É fundamental ter a destreza e o interesse de desvendar os seus "porquês". Todas as respostas que precisa para viver apaixonado surgirão dessas interrogações. Mas, a resolução do mistério que é você é tudo o que o aproxima da felicidade, e não o incomoda muito por ainda não se achar capaz de ser tudo o que deseja, e fazer tudo o que o faz palpitar de emoção porque, verdade seja dita, todos nós temos algo que nos limita, convicções tolas que, muitas das vezes, nem damos conta e que acabam, assim, nos limitando este gostinho especial que é viver. Importante mesmo é estarmos atentos e ir ganhando a consciência dos nossos limites, pois só assim conseguiremos alterar a convicção que nos impede de ir mais além.

Mas como se altera uma convicção limitadora? Escrevendo meras palavras, enquanto leio o livro? Não, claro que não! Mas se lembre de que a palavra empurra você para a ação. Pode começar com a palavra, sim, mas depois é preciso desejar a mudança, agir, repetir a experiência inúmeras vezes, indiferente ao medo, até aos poucos começar a perceber que, afinal, não era assim tão difícil.

Recordo-me de, já adulto, dizer que detestava *sushi* sem nunca o ter provado. Resultado, fiquei anos sem desfrutar daquela iguaria maravilhosa. Como alterei a convicção? Provei.

E você, quantas coisas deixou de provar algo por a princípio dizer que não gostava, não queria, não valia a pena ou tinha medo? Há muita gente que nunca viveu um amor por pensar que o amor são os gritos, a violência verbal, emocional e física que viam entre os pais. Dizem que não gostam sem nunca terem, verdadeiramente, provado. E depois, existem os que já arriscaram, os que já se entregaram, mas, como o resultado final da única tentativa que fizeram, não deu certo e a dor ultrapassou todos os limites do conhecimento, desistiram e concluíram que não valia a pena, que não estão à altura, que não são merecedores, que mais vale assim do que serem novamente rejeitados.

As melhores experiências nunca são vividas de primeira.

Atenção às suas convicções. Vá a um restaurante de *sushi* e prove. Ame inúmeras vezes.

Hoje, por exemplo, o que gostou de fazer em seu dia, ou o que programou fazer e que gosta muito? Uma coisa, muitas coisas ou nada? Seja sincero. Você é apaixonado pelos dias, chova, faça frio ou calor? É apaixonado por seu trabalho? Pelas pessoas que trabalham com você? Por seus amigos? A paixão, como já disse, é aquilo que o move, que o faz saltar da cama. Os seus dias são desafiantes? Seu trabalho é? As pessoas com quem lida são? É tudo bom ou é tudo um saco? Você está de saco cheio? Já disse e vou continuar dizendo: tudo acontece de dentro para fora. Não são os outros ou as coisas que não o apaixonam, é você que, não sendo apaixonado por si, não se apaixona por nada nem ninguém. Essa é a pancada que você precisa levar para deixar de responsabilizar o mundo e passar para a ação, para deixar de ter medo e agir, porque só se apaixonará por si mesmo estando focado no que deseja, abandonando a ideia da fala de sorte ou de tempo e se colocando em movimento.

A DEPENDÊNCIA

Você pode depender dos seus pais para ter uma cama para dormir, dos bancos para lhe conceder um empréstimo e comprar uma casa, de um chefe de cozinha para fazer uma iguaria para você ou de um transporte que o leve de um ponto ao outro da cidade no tempo que precisa, mas isso é apenas um vislumbre da vida. A vida, em seu todo, são as suas ideias, o seu projeto, os seus sonhos e a sua missão e não há nada dessas coisas, nenhuma mesmo, que dependa de alguém a não ser de você mesmo para a sua consumação. Agora, analise bem o seu discurso interior, tente perceber de que forma ainda é influenciado ou manipulado, e por quem, onde se encontra a sua autoestima e o seu desejo de ser, realmente, alguém feliz. É fundamental que fale com você mesmo, pois existe sempre algo aí dentro que quer dizer alguma coisa a você, que quer lhe informar sobre como você está por dentro. Na dúvida, dê sempre razão a essa voz em detrimento daquelas que querem possui-lo, que querem você como um bem delas.

Depender de alguém, das ideias dos outros ou das filosofias das massas é negar a nossa própria existência; é abdicar totalmente do poder que nos foi concedido ao nascermos e a mais profunda ingratidão para com a oportunidade que nos foi dada de estarmos aqui. Como já disse, cada um de nós é um ser especial e precioso, com responsabilidades pessoais e sociais diferentes de todos os outros. Cada um de nós pode fazer a diferença.

Quantas vezes você já deixou de arriscar porque não lhe permitiram? Quantas vezes já sonhou com algo diferente daquilo que lhe fora imposto ou ensinado e desistiu? Quantas vezes foi feliz por depender de algo ou alguém?

Muitas pessoas optam, conscientemente, pela dependência por acharem que a vida se torna mais fácil nesse estado de submissão. Na verdade, não lhes é exigido que lutem por nada, por ninguém e, muito menos, por elas. Agora, pergunto eu, que interesse há nisso? Essa gente, apesar de respirar e dar ares da sua graça, já morreu e só anda aqui de corpo presente, pois suas vidas já não são desafiantes. Ser dependente é ter medo de assumir o risco das suas paixões, é a prova de uma tremenda ausência de autoestima, confiança e amor-próprio.

Agora, considero determinante, até para não gerar qualquer tipo de confusão, mencionar um outro aspeto. Uma coisa é depender, outra, bem diferente, é precisar e todos nós, sem exceção, precisamos uns dos outros. Por exemplo, dependo de mim mesmo para acabar de escrever este livro, mas não dependo de nenhuma editora para publicá-lo. Preciso que o façam, naturalmente, mas se não for uma, será a outra. Percebe a diferença? Pode ouvir o que lhe dizem por estar precisando conversar, mas não tem de tomar nada do que ouve como verdade sua. Pode precisar da companhia de alguém, mas não tem de depender da presença eterna dessa pessoa.

Dependa de você mesmo. Precise dos outros.

— Você depende de quem?

Resposta:____

— O que tem ganhado com isso?

Resposta:____

— Com o que já sonhou e nunca viveu por ter escolhido depender?

Resposta:____

— Quer mudar?

Resposta:____

ESTÓRIA *VS* HISTÓRIA

Considero fundamental fazer a distinção entre o que está lhe incomodando na vida e o que anda a escrevê-la de forma tão bonita.

Uma Estória é uma desculpa inventada da sua cabeça, inspirada em sua infância, numa experiência malsucedida, numa imagem que o assustou ou em algo que ouviu dizer, que o cega, amputa e esconde a realidade que, eventualmente, poderia estar vivendo se não tivesse se apegado à ilusão de que o mundo está todo contra você, de que não existem pessoas boas e que, sozinho, não tem coragem ou não consegue encontrar um único ponto de fuga dentro das quatro paredes em que se esconde. Por outro lado, a História é o que projeta você para a dimensão dos sonhos, onde tudo é possível e encontrará razões para agradecer sua existência e a dos demais, onde compreende o seu papel e aceita o nível de conscientização dos outros, onde encontra a paz por conseguir sair do seu corpo, elevar-se, avaliar a situação que tem em mãos de uma perspectiva mais alta, da qual a lucidez é mais fina, e resolvê-la, sem grandes atritos nem agressões.

Enquanto uma o reduz ao pó, a outra o torna eterno.

Esse confronto entre o bem e o mal, ou entre o amor e o medo, representa a maior batalha que teremos eternamente de lidar. Umas vezes ganhará o medo, pois todos inventaremos Estórias até ao fim das nossas vidas e não existe ninguém que não as tenha; e em outras, a grande maioria, pois podemos fazer e muito e, por isso, ganhará o amor. E que independentemente de uma estória poder estar tão camuflada em nós pelas capas que já vestimos, a verdade é que, tomada a consciência da sua existência, nós a caçamos e, rapidamente, como Midas, podemos transformá-la em ouro, numa luz reluzente, em caminho para o sonho.

Eu poderia dar a você inúmeros exemplos de estórias que já criei em minha vida, mas escolhi aquela que considero ser a mais emblemática, não só por ter sido a que, inicialmente, mais me limitou, mas, também, porque, após tê-la apanhado em flagrante, fui projetado para o homem que sou hoje. Da estória para a história, da vergonha e da timidez à excelência do discurso, do medo ao amor.

O GAGO

Se hoje me considero tocado pelo dom da palavra, seja ela escrita ou verbalizada, a verdade é que nem sempre foi assim. Aliás, até há poucos anos, vivia numa insegurança considerável sempre que, em frente às câmeras, tinha de encarnar uma personagem ou, na vida real, tinha de me dirigir a alguém ou a uma plateia num momento importante. Acontece que, apesar das dificuldades inerentes à situação, nesta fase, por já ter passado à ação e me proposto ao risco, as coisas estavam bem já avançadas. O pior foi o que se passou antes, até chegar a coragem e ter escolhido viver o meu sonho. A dependência de uma ideia me aniquilou anos de vida, ceifou-me a autoestima com que, naturalmente, havia nascido e me castrou inúmeras oportunidades durante toda a adolescência e parte da fase adulta. Eu era gago, sim senhor, mas a estória que eu criei era a de que a gagueira não me deixava compartilhar o que eu sentia, pensava e desejava. O meu discurso interior me dizia que era preferível estar calado e não ser ridicularizado a ter de arriscar dizer o que quer que fosse e todos os meus colegas rirem de mim. Era preferível ser invisível e quase não existir a ser o bobo da corte e viver numa vergonha sem fim. Assim foi durante anos, fui-me apagando sem que me desse conta do que estava fazendo a mim mesmo e julgando que não havia nada que pudesse ser feito por mim nem pelos outros. Exemplo disso foi a terapia da fala, solução que me foi proposta muitas vezes e que sempre neguei, por nunca ter depositado qualquer tipo de confiança no processo. A estória tem esse poder destrutivo e é por isso que devemos estar tão despertos para com os nossos pensamentos. Na verdade, são eles que comandam tudo. Se estiverem bem-dispostos ou simplesmente permissivos, deixam-nos escolher com o coração, levam-nos às emoções, às palavras bem dirigidas, a melhores ações e, por consequência, a melhores hábitos. Se estiverem com azia, ancoram-nos no alto mar da tristeza e da retração, não nos deixando navegar para lado nenhum. Acabei ficando amarrado e amordaçado tempo suficiente para perceber que assim, de fato, não conseguia ir para lado nenhum a não ser para o fundo e, então, de um dia para o outro, virei o jogo. Comecei, inconscientemente, perguntando-me se era o gago ou o Gustavo, se tinha ganhado alguma coisa com o meu passado recente, se a dor que carregava no peito pelo peso das palavras e das emoções que acumulara durante anos e anos fazia algum sentido e se a vida, afinal, podia ser mais do que aquilo que via à minha volta e dentro de mim. As respostas me indicaram um caminho novo. Um caminho que não hesitei em seguir. Era estranho, desconhecido, mas, certamente, acreditei eu, me levaria a um lugar melhor do que aquele em que pernoitara parte da minha vida. Acredito que os bravos se distinguem dos demais por isso mesmo, por se questionarem e se porem em causa, por se aceitarem e, refeitos da conspiração contra si mesmos, se erguerem e rumarem às montanhas que têm pela frente, acreditando sempre que, além das planícies, mora a paz merecida de quem escolheu chegar lá.

Assim foi comigo. Com passos vacilantes, lá fui eu mostrando ao mundo e conhecendo o que havia além da estória que eu criara. O truque, esse, remete-nos ao princípio do livro. Deixei de levar meu *handicap* e a reação dos outros muito a sério. Desvalorizei o intervalo que fazia entre as sílabas das palavras e os risos alheios para valorizar as ideias que saiam da minha boca e as pequenas conquistas que delas advinham. Alterei o significado da minha ação. Com o passar do tempo e com a minha crescente afirmação enquanto homem de palavras, comecei a ganhar uma confiança de tal ordem que, a partir de determinado momento, comecei, eu próprio, a me divertir com a minha gagueira.

Sempre que você ri de algo que já o magoou ou se diverte com a repetição de uma situação que já o atormentou, dá a si mesmo um sinal de que tudo está perdoado e que pode seguir em frente.

A alteração do meu padrão de pensamento foi essencial para, hoje, ainda me encontrar trabalhando na televisão e mais, pisar palcos sem fim, como orador de palestras, contador de histórias e profeta de sonhos. Da estória à história, vai um pequeno passo, ainda assim, a diferença entre uma vida vivida e uma morte anunciada.

— Recorda-se de, alguma vez, já ter transformado uma estória numa história? Qual?

Resposta:____

— Qual a principal diferença entre uma e outra?

Resposta:____

EXERCÍCIO 4

Proponho que mexa com você. Tenho a certeza de que, depois de lido este capítulo do livro, existem estruturas suas abaladas, algumas até prestes a vacilar e o que eu pretendo é que, no Anexo 4, você possa escrever uma das estórias que criou e com a qual convive diariamente. Sim, pode ser essa mesma, a que está cutucando seu pensamento. Dê um título a ela e desate a escrever sua relação com ela. Onde teve origem, com quem, em que fase da sua vida, aonde já o levou, aonde não o deixou ir, às vezes em que já se questionou, que já tentou vencê-la, enfim, tudo. Depois, relaxe. Garanto que sentirá um cansaço tremendo. Se o fizer, terá toda a minha consideração porque sei, por experiência própria, que este é um exercício difícil e só está ao alcance dos que literalmente desejam ser felizes. Um dia desses, ou no momento seguinte, como entender, leia o que escreveu e veja lá se a estória que anda contando a si mesmo ainda faz algum sentido. Além do mais, de que forma você pode transformá-la numa história em sua vida.

SUMÁRIO

— O medo não é mais forte que a coragem.
— A autoestima, a confiança e o amor-próprio são os principais responsáveis por sua superação. Juntos, são a voz que leva você mais longe.
— Tudo é possível, você é capaz, você é merecedor.
— A dependência não permite você criar um caminho, não deixa as suas pegadas na areia para que alguém possa se inspirar nem dá a você a oportunidade de, ao se perder, saber voltar para casa, pois sempre o conduz e de olhos vendados.
— Aprenda a depender de você e a precisar dos outros.
— A estória o amarra, a história o impulsiona.

3

O QUE NOS IMPEDE DE AVANÇAR?

O NOSSO EGO É O NOSSO MAIOR OBSTÁCULO

O ego é, e será sempre, um enorme desafio. O seu maior desafio. O ego é a outra voz que todos temos, é aquele ruído que o desequilibra, ameaça e reforça o fracasso. Ao contrário da primeira voz de que falamos e que empurra você para além dos limites e o leva a chegar mais longe, essa voz puxa você para um mundo perigoso, irreal e frágil no qual você pode sucumbir a qualquer momento. Repare que, quando você está mais vulnerável, seja por qual situação for, tem sempre a sua destruidora companhia avisando você, repetidas vezes no ouvido, que você não vale nada, que nunca será capaz e, que, independente das oportunidades que possa ter, o seu resultado continuará sendo o mesmo: insatisfatório, negativo e deplorável. Consegue identificá-la? Vou dar mais uma pista. Essa é aquela voz que o alicia a seguir as ordens dela, a acreditar em sua razão e, sem que perceba, o manipula e, consequentemente, o engana. O seu ego não esquece as suas piores palavras, as suas piores ações, os seus maiores medos e os usa, mesmo que passados anos, em cada "Agora" da sua vulnerabilidade. Primeiro retira de você a autoestima, depois o culpa e, depois de deixá-lo desacreditado, ergue-o e faz de você um herói. É assim que ele ganha sua dependência. Se você pode derrotá-lo? Não. Se pode subtrair dele sua importância? Sim. Como? Tendo a consciência de que em todos os momentos do seu passado, por mais feios e ásperos que possam ter sido, você deu o seu melhor, você foi o melhor que podia e sabia ser. A única forma de retirar força dele é aceitando e perdoando tudo o que possa ter sido e amar o que é. E sim, ele cria em você a ilusão de que você é ele e se serve dos outros para alimentar essa mesma mentira. Leva-o a agir e a fazer coisas, em momentos-chave, que você, por si só, não faria e é indiferente à dor, à sua e a dos outros. Ele quer reconhecimento a todo o custo e conduz você a agir em conformidade a isso.

Outra nota que me parece importante esclarecer é que o ego não diz apenas respeito aos que se sobrevalorizam, ele está, também, nos que se acham inferiores. A intenção dele é apenas chamar a atenção e ser reconhecido ou acarinhado, seja por excesso ou por pena.

A seguir, você encontrará um exemplo, entre tantos, de tudo o que acabei de dizer. Trata-se de um trecho do meu segundo romance e algo que foi, profundamente, inspirado numa fase da minha vida.

> "(...) Como qualquer egocêntrico, centrava-se no prazer delas, não tanto em satisfazê-las, mas, principalmente, para colher os louros e o reconhecimento posterior da sua aplicação, e a realidade é que isso o tornou um amante fabuloso, independentemente do seu objetivo pessoal e secreto. Ele sabia disso, não tinha a mínima dúvida. Com uma confiança mordaz, entregava-se ao elogio, desempenhando sua boa ação à espera de que o reconhecimento que, quase sempre, lhes saia da boca de forma natural, o alimentasse até a próxima refeição. Os elogios não passavam assim de um veneno que ele próprio se autoministrava na quantidade imensurável da qual dependia, como qualquer viciado depende de suas doses. Naturalmente, ganhou uma tendência cruel de magoar as mulheres, apenas por ser ele próprio e apesar de nunca as iludir com ideias de que queria mais do que sexo, elas acabavam seguindo a voz do coração que lhes dizia que o Amor era real. O que não podiam adivinhar era que o Amor era algo que nem ele tinha para ele próprio naquela altura e, por isso, muitas acabavam sofrendo, carregando a

culpa nas costas, mesmo sem saberem onde tinham errado, nem onde poderiam ter sido melhores. Na despedida, havia sempre lágrimas, normalmente divididas por apenas dois olhos, pois os dele estavam secos pela desidratação de afeto e a certeza de que as havia avisado desde o princípio. Justificava-se, repetidamente, dessa forma, alienado da alma ou mesmo do corpo que estava à sua frente em prantos, para não fazer mais nada, a não ser virar as costas. Havia duas vozes, totalmente perceptíveis, que jogavam uma contra a outra numa batalha fundamentada e iniciada por seu ego, à qual o seu coração se rendera.

O tempo o fizera esquecer a ideia de que tinha de si próprio para viver do que os outros, principalmente as outras, diziam que ele era. Havia um reconhecimento exterior e diário das suas capacidades e das suas proezas que, ingenuamente, acabava por alimentar o seu maior inimigo, ele próprio. Era, por isso, necessária uma intervenção profunda, um processo qualquer de transformação que lhe devolvesse às suas origens. Mas, para que esse processo fosse feito com eficiência, era preciso que ele aceitasse suas sombras, seu lado escuro e seus pontos fracos, coisas que ele julgava não ter, porque nenhum dos amigos ou amigas lhe apontava qualquer defeito". (in *Os Laços Que nos Unem*).

O ego é isso, mas é, acima de tudo, o que você permite que ele seja. Na fase, acima mencionada, permiti que ele fosse o meu senhor, o gigante que me domava. Depois, quando tive uma tomada de consciência, comecei a me culpar e a me considerar um homem sujo, totalmente alienado de todos e de quaisquer valores, mas o passar do tempo – e o que eu fiz enquanto ele passava, foi me acalmando – pois investia muitas horas do meu dia falando comigo mesmo e em meditação. Finalmente, percebi que, na época, não sabia fazer melhor, perdoei-me, e que, a partir de então, teria de construir uma plataforma sólida, uma base de confiança, estima e amor-próprio, de forma a estar mais atento ao meu ego e ter a força necessária para resistir a ele.

A voz dele não é mais forte que a sua, a força dele é mil vezes inferior à sua, ainda assim, esteja atento porque ele é persistente e espreita a cada gemido de dor seu. Quanto mais vítima você se sentir, mais ele o dominará e, uma vez dominado, você precisará da ajuda de outros porque não conseguirá enfraquecê-lo sozinho. Sendo assim, nunca se considere incapaz seja do que for. Errar faz parte da vida e quem não erra, não experimenta, não arrisca, não vive seu sonho. Além do mais, sempre que tiver a consciência de que está agindo como se fosse superior a alguém, pare, procure um lugar onde possa ficar sozinho e reflita. Pode, muito bem, não ser você a causa.

— Em que aspetos da sua vida você encontra padrões de incapacidade ou de incompetência, ou seja, sobre que assuntos a voz do seu ego lhe diz que você não presta?
Resposta:____
— Em que aspetos da sua vida você encontra padrões de sobrevalorização?
Resposta:____
— Em que aspetos da sua vida você encontra padrões de subvalorizarão?
Resposta:____

EMOÇÕES NEGATIVAS: RAIVA, RANCOR E CULPA

"Eu perdoo, mas não esqueço". Sempre que ouço essa estória, tenho vontade de rir.

Portanto, você perdoa, mas não esquece, é isso? Muito bem. O que é, então, o perdão para você? É uma palavra, uma coisa dita no momento para soar bonito ou aliviar uma situação de tensão, um clichê? Se você não esquece a dor, efetivamente não perdoa. O perdão é a mola que o faz saltar para a frente, e, provavelmente, a atitude mais nobre do ser humano e o único caminho para a paz. Além do mais, por mais profundas que sejam suas mágoas, nunca serão maiores que o perdão, portanto a ideia de que há coisas imperdoáveis é uma estória, uma desculpa. Perdoar é a mais alta instância do amor-próprio, é algo que devemos fazer por nós e nunca pelos outros. Por que? Porque quem carrega a cruz sobre os ombros é sempre o que não perdoa. Os outros, os que agiram com má intenção ou de forma negligente, já nem se lembram do que nos fizeram e, provavelmente, estejam até pregando a maldade ou a inconsciência noutras freguesias. É você, somos nós, que acordamos salivando de raiva e não conseguimos adormecer por causa da torrente de imagens e vozes que nos assaltam o sono e do peso do rancor que nos esmaga o peito. Já aconteceu isso a você? Certamente sim. É natural, todas as emoções negativas estão associadas à ausência de perdão.

Lembre-se, então, de algumas das pessoas ou situações que afirma ter perdoado, mas das quais se lembra, nos mínimos detalhes, do que aconteceu e da dor que lhe foi infligida. Faça isso e avance na leitura apenas quando tiver reunido dois ou três exemplos. O que está sentindo neste momento? Será que, agora, perante essas memórias, ainda tão frescas e passado tanto tempo, consegue perceber o que, afinal, ainda falta você resolver? Falta resolver alguma coisa? O quê? O que você pode fazer agora para, efetivamente, conseguir perdoar? Um telefonema, um encontro, palavras escritas, o quê? Você – como todos em diferentes fases da vida – vive a estória de que perdoou as pessoas e, como acredita nisso, não consegue perceber por que sua vida não anda para a frente, não entende por que só de pensar e ouvir falar nelas ou vê-las à sua frente altera imediatamente seu estado emocional. Além disso, tudo o que alguém possa fazer de semelhante, vai projetar em você, além da raiva de quem, verdadeiramente, ainda não perdoou, a culpa por ter, uma vez mais, se deixado enganar e acreditado no conto do vigário. Essas emoções vão se associar, assim, ao rancor e, por tempo indeterminado, molestar sua alma. Sua vida caminhará para o abismo e tudo porque você pensa que perdoou, mas na verdade não esqueceu nada, e na realidade uma coisa não vive sem a outra. Aliás, um exemplo que poderá conhecer com perfeição, ou porque o sentiu na pele ou porque alguém muito próximo ainda o vive e passa a vida inteira a reforçá-lo, é aquele em que as pessoas se afastam uma da outra e seguem rumos de vida diferentes pensando que terminaram, efetivamente, as suas relações por ter chegado ao fim o sentimento bom, mas a verdade é que a prevalência do sentimento ruim, ou seja, de todas as emoções negativas que já mencionei, as mantêm mais unidas que nunca, estejam elas solteiras ou numa nova relação amorosa. Certo?

É claro que me recordo de coisas que me foram feitas, mas não sinto como que tenham me acontecido e não me doem mais. Não encaro mais o acontecimento ou a pessoa como algo negativo em minha vida, nem os tomo como exemplo quando algo de semelhante me acontece.

Ao experimentar o verdadeiro perdão, você não vai querer outra coisa. Não adianta tentar avançar sem ter as emoções equilibradas pois, ainda que pareça, não conseguirá sair do mesmo lugar.

— Quem você ainda não perdoou? (Escreva o nome da pessoa)
Resposta:____
— O que o impede de fazê-lo?
Resposta:____
— Quando vai experimentar perdoá-la? Como?
Resposta:____

A DESRESPONSABILIZAÇÃO

Uma das mais fortes e feias tendências do ser humano é afirmar que tem sempre as mãos lavadas e que as dos outros é que andam sempre sujas. À mesa, tudo bem; agora no dia a dia é terrível. Culpar, sistematicamente, os que nos rodeiam pelo que não somos, não conseguimos e não temos é, permita-me a franqueza, a solução dos fracos. Os guerreiros sujam as mãos e assumem as suas vulnerabilidades, aceitam quando fracassam e concordam com o resultado que obtiveram, voltam a tentar e nunca desistem; por isso, acredito eu, são os únicos que chegam, verdadeiramente, a algum lugar. Quantas vezes você errou ou não deu o seu melhor e olhou para o lado no momento de apurar o responsável? Não assumir seus atos e os resultados que deles advém é passar uma vida inteira chovendo no molhado e vai chover tanto e ficará tão molhado que, mais cedo ou mais tarde, você morrerá afogado em sua própria irresponsabilidade. Mesmo que tenha um objetivo concreto, uma estratégia bem definida e nenhum medo assolando seu espírito, não conseguirá avançar e, muito menos, ir mais longe se não for capaz de aprender com seus erros. Assumir o erro é ter a certeza de que o caminho fica do outro lado e que, por isso, você está mais perto de chegar aonde quer e que é merecedor de uma viagem auspiciosa.

Não há ninguém que consiga um feito grandioso sem falhar primeiro, da mesma forma que não há ninguém que deixe todas as culpas de lado e consiga, verdadeiramente, chegar a algum lugar.

— Quando foi a última vez em que você se desresponsabilizou de algo em que devia ter assumido a responsabilidade?
Resposta:____
— O que ganhou com isso?
Resposta:____
— De que é serve a você hoje em dia?
Resposta:____

EXPECTATIVA

Sempre que você cria dependência, gera expectativa. Verdade? Por outro lado, sempre que cria independência, gera esperança. Mentira?

Nesta matéria, existem duas equações infalíveis:

Expectativa = Porrada

Esperança = Gratidão

Sempre que você tem expectativa sobre um pedido que fez, o desempenho, a resposta ou a reação de algo ou alguém, corre o enorme risco de levar porrada. Expectar e antever um resultado que você, simplesmente, não controla; ora, as probabilidades das coisas não acontecerem no tempo que você deseja, da forma que quer, com as palavras certas no momento certo e com os sorrisos e os abraços devidos, são enormes, quase imensuráveis. Raramente uma expectativa traz um final feliz e assim é porque você visualizou a forma como daria, faria e reagiria. Acontece que você é você e ninguém é igual a você. Mas os mesmos momentos podem ser completamente diferentes para cada um e estar sendo vividos em lados opostos pelos dois. Você pode estar focadíssimo no "Agora" e eu, absorto, em algo que tenho de preparar para amanhã, você pode dar um significado e eu outro, você pode estar alegre e eu triste, você pode ter sonhado com isso e eu já ter vivido algo semelhante mais de cinco vezes. Entendeu? Com Deus e o destino, por exemplo, e falaremos nisso adiante, acontece o mesmo. A dependência dessas duas crenças e a consequente criação de expectativas que daí advém fazem com que você pare esperando que algo caia do céu ou que o curso preestabelecido da sua vida lhe traga sorte. Se o tempo for passando e nada acontecer – e nada vai acontecer você se não se mexer –

você começa a cobrar, a se sentir injustiçado e a se considerar filho de um Deus inferior ou um profundo azarado esperando ter sorte na vida. Assim como um saco de boxe, e porque a espera é interminável, você existe apenas para ser enchido de porrada. Então, as piores emoções surgirão e tomarão conta de você, levando-o à revolta e à ira, fazendo-o esbravejar e espernear por todos os lados até, cansado, desistir.

Você pode, eventualmente, criar expectativas sobre aquilo que controla, que domina e depende de você. Na melhor das hipóteses, elas o empurrarão para a frente, mas se, porventura, o resultado que visualizou ainda antes de iniciar a ação não for o mesmo quando chegar a hora H, ou seja, a verdadeira realidade; pare e pense se essa é a melhor forma de estar, também, com você.

Em vez de todo esse tumulto, a esperança é sempre apaziguadora, consciente e grata.

Ainda que ao pedir algo a alguém não tenha obtido a resposta que julgava merecer, o simples fato de não depender desse acontecimento faz com que agradeça pela tentativa, pelo melhor que os outros deram, por Deus, simplesmente, o ter ouvido. A esperança é potencializadora porque existe à margem da cobrança, ou seja, por eu ter esperança de que algo ou alguém me ajude, não significa que vá ficar parado ou dependendo dessa mão dada. Por outro lado, ter esperança no resultado dos outros não invalida a minha ação e é, precisamente, isso que me faz viver a história, a criação do meu destino.

Resumindo, a criação de expectativas simboliza a ação das pessoas que pedem ou dão de forma condicional e a esperança é a bandeira daqueles que vivem sob o cunho do incondicionalismo. As primeiras só navegam consoante à maré dos outros, as segundas, indiferentes às tempestades, velejam a vida inteira.

— Qual o resultado, na maior parte das vezes, em que você criou expectativas?

Resposta:____

— Qual foi o resultado, nas vezes em que você deu ou pediu sem esperar nada em troca?

Resposta:____

Exercício 5

Para reforçar essa ideia do ser incondicional, convido você a preparar um momento especial. Sugiro que possa oferecer um jantar surpresa, um presente simbólico, um ramo de flores, uma carta escrita à mão ou outra coisa qualquer à pessoa que, aos seus olhos, mais mereça ou com quem mais gostaria de compartilhar algumas horas. Atenção, faça isso com a esperança de que passará um bom momento e sem qualquer expectativa, só assim esta experiência lhe poderá ser útil para o resto da vida. E depois, independentemente da forma como a pessoa que escolheu irá reagir, aprecie o seu "Agora" e essa sensação maravilhosa de dar sem esperar receber nada em troca. Descreva tudo, passo a passo, o que aconteceu antes, durante e depois e o que sentiu durante todo o processo no Anexo 5. Repita a experiência tantas vezes quantas conseguir de formas diferentes e com outras pessoas. Você vai amar.

O TEMPO

E quando a culpa da nossa inércia não são os outros? Bom, sempre temos o tempo, ou a falta dele, para culpar. Enfim, muitos de nós usamos tudo o que estiver ao seu alcance como justificativa para poderem continuar a lamentar com a ausência de minutos para cuidarem de si mesmos e com o fato de não conseguirem fazer as coisas que realmente gostariam de fazer. Costumam até dizer que a vida deles é uma miséria porque não têm tempo para nada.

Penso que é importante desmistificar isso.

É preciso virar ao contrário essa ideia de que o tempo nos controla. Somos nós que o controlamos. Ele é estático, nós somos flexíveis. Uma das coisas que aprendemos muito antes de chegar à escola, é saber que todos os dias têm 24 horas, certo? Portanto, confirma que, desde pequeno, você tem a noção de que tudo o que se passa em seu dia tem de estar enquadrado nesse mesmo período de tempo? Sim? Fantástico. É verdade que, enquanto adolescentes e jovens, demitidos de responsabilidades, essas duas dúzias de horas chegam e sobram, à medida que sabemos que no dia seguinte haverá mais 24 horas para a farra, por outro lado, e olhando agora para a fase adulta, sucede um fenômeno estranho à maioria das pessoas, e talvez você se inclua nisso: a mesma medida de tempo começa a deixar de ser suficiente para a realidade delas. Pior, não chega, sequer, para consumar todas as obrigações que somaram às suas vidas; portanto, onde se encaixa o *voucher* das coisas que elas, verdadeiramente, desejam fazer em seu dia a dia como viver suas paixões ou investir algum tempo nelas próprias? Em lugar nenhum, aliás, já nem pensam nisso. Essas vidas só podem ser infelizes e, se você vive, diariamente, nessa condição, não tem como não me dar razão. O que acontece, a todos aqueles que vivem essa estória, é um acumular, muitas das vezes inconsciente, de deveres e obrigações que, como uma enxurrada, por necessidade, falsa na maioria das vezes, por orgulho ou, ainda, por medo de confiar ou delegar algo a alguém, acabam destruindo o encanto e o sorriso da pessoa. Ora, isso é extremamente perigoso porque como anda anestesiado pelas preocupações e desligado do que realmente lhe faria bem, você só percebe o que anda fazendo passado muito tempo e a manifestação dessa autossabotagem pode se materializar numa profunda convulsão interior ou num pico de dor que sente no corpo e pode, verdadeiramente, assustá-lo. Aí, se ainda estiver lúcido, perceberá que os seus desejos foram tão comprimidos no meio da confusão e, durante tantos anos, que acabaram explodindo, desaparecendo e dando lugar a mais um conjunto de obrigações. Em muitos dos casos, as pessoas julgam já não haver forma de reparar tanta negligência e desistem, escolhem continuar carregando a cruz, mas isso é mentira. Há sempre, e de imediato, solução para tudo. A questão é: o que você escolhe fazer em seu dia? Em 24 horas, é possível agendar obrigações, deveres e desejos. Em 24 horas, você pode escolher fazer algo pelo qual é apaixonado, um *hobbie*, por exemplo, ainda que para isso acontecer tenha de saber confiar nos outros e delegar lhes funções que, até agora, eram apenas suas, largar o seu orgulho em prol da sua saúde emocional e física e até deixar de ser tão rígido com você mesmo, com os horários que estipulou ir para a cama, levar e buscar a criança na escola, fazer o jantar, organizar o dia seguinte, arrumar a casa, etc.

Parece impossível? Não é. O que acontece é que, como não faz isso há muito tempo, você deixou de acreditar que é exequível juntar ao tempo que já não tem, algo que lhe dá prazer de fazer. Sim, é possível! Sugiro, então, que, numa primeira fase, você junte tarefas, um desejo com um dever. Por exemplo, vá correr ou caminhar e, enquanto isso, faça o mapa mental do seu dia ou do dia seguinte, ouça música enquanto arruma a casa, não faça o jantar, peça fora e invista esse tempo num banho relaxante, nuns minutos de sexo ou afeto, ponha a criança para dormir a vá até a varanda, você nunca sabe o que a natureza reserva para você. E sim, abdique de um par de horas de sono e, nesse mesmo tempo, faça aquilo que mais gosta de fazer. Você verá que o tempo que passou na cama, apesar de menor, rendeu muito mais e foi muito mais tranquilo. Por quê? Porque o trocou pela paixão. Isso influenciará o seu dia seguinte, a sua *performance* no trabalho, a sua entrega nas relações e, aos poucos, o sabor do tempo que dedica a si mesmo vai ganhando o seu espaço e tomará, então, a consciência de que já não pode continuar a viver sem ele nem sem você.

Em sua vida, tem de haver sempre espaço e tempo para você e o tempo não passa de um ponteiro no relógio. Fundamental é o que você escolhe fazer enquanto ele dá voltas.

Esse "quase nada" é quase tudo quando bem gerido.

— Quanto tempo do seu dia você está disposto a investir em você, numa paixão sua?

Resposta:____

AMANHÃ FAÇO

Quantas vezes você já disse que amanhã será o dia em que deixará de fumar, dar atenção à alimentação, procurar emprego naquela empresa, fazer exercícios físicos, dizer aquilo que pensa à determinada pessoa, ir ao médico fazer exames de rotina e assim por adiante? Está rindo? Eu não acharia muita graça. Esse "quase nada" tem tantas contraindicações quanto todos os outros. Atenua, é verdade, o fato de sua raiz não ser tão gigante quanto algumas das anteriores, logo, é, também, de mais fácil desinstalação em sua mente, ainda assim, e deve saber muito bem isso, pois todos já passamos por isso e sabemos que é suficientemente forte para nos impedir de avançar. Quando o dizemos, há algo em nós que realmente acredita ou nos faz querer acreditar naquela verdade e, como tal, tendemos a abusar naquelas horas que antecedem o amanhecer, por aquele ser o último dia em que vamos poder nos deleitar com o sabor dos cigarros, da comida, do sedentarismo do sofá e da falsa paz por ainda não termos de confrontar determinada pessoa. Ora, essas horas são tão intoxicantes que, no dia seguinte, quase nunca você acorda com a destreza suficiente para agir e, mesmo que o consiga, a manhã é tão ameaçadora que, ao primeiro contratempo (chuva, trânsito, a camisa que não está passada, o cabelo que está eriçado, o cinto que não encontra, um telefonema chato...), você vai fugir do que havia objetivado e se refugiar, novamente, em seu problema. A soma dessas tentativas e a multiplicação dos fracassos, sem dar conta disso, vão alimentando sua frustração e sua desilusão até que, por fim, a catástrofe irrompa sua indiferença e tente puxá-lo para as trevas. Apanhar um susto para alguns é o suficiente, para outros o fim.

Então, o que está na origem da falta de ação? Você, sempre você. O que acontece é que, na grande maioria das vezes, e para não mais ouvir os outros falarem dos prejuízos que colherá se continuar vivendo assim ou assado, diga "amanhã" para a satisfação dos chatos e, assim, pode ser que eles se calem. Dessa forma, você passa a viver na mentira e às escondidas, enganando o mundo inteiro menos o essencial: sua consciência. Outras vezes, você faz referência ao "amanhã" por causa de conselhos que ouviu e, no momento, fazem sentido para você. Quando é assim, você passa a acreditar no que lhe disseram como uma verdade sua porque, por segundos, confunde o seu modelo de mundo com o daqueles que o aconselharam. Não é o mesmo. Perceberá logo pela manhã. E tudo tem esse peso e essa carga dramática, por quê? Porque a verdade é que, raramente, você está convicto de que é capaz, tem coragem ou que deseja, realmente, essa mudança e, dessa forma, cria a ilusão de que amanhã ou um dia desses será o seu grande dia, o primeiro do resto da sua vida. Naturalmente, acaba vivendo uma vida inteira assim, projetando para o dia seguinte tudo o que está longe de ser capaz no momento. Não conseguirá avançar dessa maneira. Amanhã, nunca será o dia indicado para começar nada. Apenas "Agora" você pode definir o resto da sua vida, alcançar tudo o que deseja e tudo o que é melhor para você.

— O que está pensando em começar amanhã?

Resposta:____

— O que impede você de começar hoje, agora?

Resposta:____

AUSÊNCIA DE COMUNICAÇÃO

A ausência de comunicação é uma armadilha capaz de destruir realidades, laços entre pessoas e todo e qualquer sentimento de paz. Ela consegue criar em nós a ilusão de que aquilo que pensamos ou nos contaram sobre os outros, sem nunca termos testemunhado, é uma verdade universal. De repente, conhecendo apenas o nosso grupo de amigos e família, passamos a conhecer, profundamente, o mundo inteiro, pois este conhece aquele e compartilha a sua opinião conosco e depois este outro também conhece a outra e faz exatamente o mesmo. Depois, e com pompa e circunstância, é só dizermos aos nossos que aquela que o outro conheceu por intermédio deste é uma irresponsável, envolve-se com tudo quanto é homem e não tem nada na cabeça. Estranho, não? Não seria muito mais saudável, se é que nos interessa mesmo ter uma opinião formada sobre determinada pessoa, procurar a verdade, indo ao encontro de todas as certezas que queremos ter, perguntando e sabendo ouvir? E que, por detrás de todos aqueles que nos emitiram uma opinião, mora uma visão muito pessoal e quase sempre sabotada por estados menos agradáveis como a inveja, o ciúme, o orgulho e afins, opinião essa que já vem doente, mesmo que a pessoa de quem se fala seja espetacular. Além disso, ninguém é tão ruim quanto sua pior atitude, portanto mesmo que você assista a um acontecimento desses, não rotule, imediatamente, quem viu como uma "pessoa má". Pode não ser. Eu não sou e já tive péssimas atitudes na vida. Estou certo de que você também. Então, sendo assim, por quem você se toma para emitir uma opinião sobre alguém que mal conhece? Quer conhecer? Comunique-se com ela.

E em casa? Sim, na relação com a pessoa com quem vivemos? Quantas vezes você se pega criando uma ideia que sirva de justificativa para quem você tem ao seu lado estar falando menos, ser menos afetivo, menos sorridente, mais parado e distante, mais desinteressado, mais focado em outros afazeres? Por que você fica tentando adivinhar e não pergunta? É que a sua adivinhação, normalmente, joga contra você. Quer ver? "Deve haver mais alguém na vida dele"; "Já não me acha interessante"; "No que ando falhando para ele andar assim?"; "Será que é por que eu disse aquilo?"; "Eu bem que a vi a olhar para outro naquele dia"... Tenho razão? Então mude! Anda massacrando e estagnando sua vida por quê? E em vez de perder tempo tentando adivinhar, poderia investir esse mesmo tempo naquilo que é realmente importante: **você**, suas paixões e seus objetivos.

A vida desliza quando você se comunica.

— Existe alguma coisa que queira saber? O quê? Relativo a quem? (escreva o nome da pessoa)

Resposta:________________________________

— Do que está à espera? Irá perguntar agora, na primeira oportunidade, ou um dia desses?

Resposta:________________________________

A CRISE

Aqui está a palavra da moda. A crise é a culpada de tudo.

Nota-se que, hoje em dia, assistimos a uma quantidade enorme de gente com os olhos vazios, braços caídos e mãos abanando sem saber o que fazer, enquanto, ao mesmo tempo, vão proferindo a mesma palavra como se ela, a crise, fosse um escudo que as defendesse de tudo e de todos aqueles que possam lhes apontar o dedo por aquilo que não pensam, não fazem, não têm e, sobretudo, não são. Denoto, em cada vez mais pessoas, pouca determinação, muito cansaço e uma apatia mórbida, quando o essencial para mudar essa realidade, a ação e a capacidade de superação, anda arrumado no sótão de nossas cabeças.

É verdade, assim caminha o povo, vencido, longe da célebre frase que o unia rumo a mais uma conquista.

Se não está feliz, é a crise; se não tem trabalho, é a crise; se não vai ao cinema ou jantar fora, é a crise; se não passa mais tempo com os amigos, é a crise; se chove no fim de semana, é a crise; se falta a luz em casa, é a crise; se é picado por um pernilongo, é a crise... está rindo? Isso chega a um ponto em que a crise serve de saco de batata para tudo. Senão, leia isto com atenção: se você não passa mais tempo com seus amigos é porque a gasolina está mais cara e você não se pode dar ao luxo de sair de casa; se chove no fim de semana é porque, em vez de ir à praia que é de graça, teria de ir a outro lugar e como não está a fim de gastar dinheiro, não arranja um jeito; se faltou luz em casa, não há como sair da escuridão porque mal põe um pé na rua já está gastando dinheiro e se o pernilongo te picou durante a noite é porque não estamos numa época na qual se possa investir dinheiro para comprar mata-mosquitos.

Parece brincadeira? Não é!

Brincadeira é a ideia que se institucionalizou, senão veja: Nos últimos tempos, e ainda que algumas pessoas com uma ligeira legitimidade, só leio, ouço e vejo gente agastada, desiludida e irritada com as novas decisões do governo. Curiosamente, e ao mesmo tempo, não leio, ouço nem vejo ninguém se responsabilizando pelas escolhas que fez no passado, nem pelo estado em que pôs sua vida.

De quem é a culpa, afinal?

Uma vez mais, nesta sociedade tão mal orientada e tão defeituosamente formada no que diz respeito a valores, é muito mais fácil julgar os outros por suas escolhas e construir um enorme muro de lamentações do que olhar para dentro, assumir as responsabilidades e construir um plano objetivo, focado em soluções e que seja orientado à mudança, pois a única forma de você obter resultados diferentes em sua vida é alterando o seu padrão de comportamento. Certo? As manifestações que, agora, são moda pelo mundo inteiro, são válidas e legítimas, pois, essa é a riqueza da democracia, mas a verdade é que não trazem melhores soluções. Pior, aumentam os índices de violência e potenciam as piores emoções.

No meio disso tudo, uma questão é certa! O governo podia fazer mais e melhor? Você, certamente, terá de fazê-lo!

De volta ao exemplo dos pernilongos e do mata-mosquitos, devo salientar que o dinheiro não traz felicidade a ninguém. Traz, sim, mais opções, ou seja, mais oportunidade para se jantar fora, mais viagens e melhores destinos, ter um carro mais potente ou roupa mais bonita para vestir, mais e melhor comida em casa, mais idas ao cinema ou ao teatro, etc. Certo? Acontece que esta verdade não garante a felicidade. Quantas pessoas conhece que estão cheias de dinheiro na conta bancária e são profundamente infelizes? Eu conheço várias. E por quê? Porque as melhores coisas da vida não têm preço. O mar, o nascer e o pôr do Sol, uma noite estrelada e morna, amigos, os abraços e as conversas, o simples passear num jardim, a mão dada e os beijos são apenas alguns exemplos do que temos à disposição, a custo zero. Todo o dinheiro do mundo não consegue pagar um beijo apaixonado. Pense nisso e depois analise em que crise você anda mergulhado.

Essa crise, mais do que financeira é, obviamente, uma crise emocional e de valores. As pessoas caminham com medo e o medo as impede de saber quem são e o que querem e não há soluções sem a tomada dessa consciência. Por outro lado, e eu gosto particularmente de atribuir significados positivos àquilo que escolho e me acontece, a crise é uma oportunidade de mudança, um tremendo desafio, pois desestabiliza toda e qualquer rotina que, anteriormente, tínhamos e nos obriga, cada um por si, a desenvolver novas estratégias de ação, adaptadas a um novo "Agora".

Outra forma positiva de encarar a crise, e dou este preciso exemplo em todas as minhas palestras, é brincar com cada uma das suas letras e construir uma frase: **C**omo **R**ir **I**ndependentemente das **S**oluções do **E**stado?

Será possível? Claro que é.

Ainda que precisemos das soluções de terceiros, dependemos apenas das nossas. Por exemplo: Já sabe que conjunto de valores é você? Gosta do que faz profissionalmente? Se não, quanto tempo dedica a essa mudança? Quantos minutos do seu dia dedica a viver algo que o apaixona e que seja de graça? O governo não tem qualquer impacto sobre isso. Estou falando de escolhas, exclusivamente, pessoais. Percebe? A ausência de paixão é um dos piores problemas da Humanidade e é, também, essa lacuna que, associada à má orientação da nossa sociedade, nos faz estagnar e desatar a culpar o governo, mas, também, e como já falamos, o planeta, a família, os amigos e, inclusivamente, a pessoa que escolhemos para estar ao nosso lado.

É você, é sempre você a origem de tudo o que te acontece. Ainda não acredita? Então responda a estas questões: Se não se identifica com determinadas pessoas, por que se relaciona com elas? Se permite, por que reclama? Se não aceita, por que exige ser aceito? Se não muda, por que acredita numa vida diferente?

Se preferir não responder, eu aceito. Ainda assim, interprete as minhas perguntas como mais uma oportunidade para a sua mudança, pois será nas suas respostas que diagnosticará o estado em que se encontra e poderá começar a vislumbrar aquele que verdadeiramente deseja.

A sociedade vive de um esforço conjunto, ainda assim, você pode e deve dar um brilho diferente à sua vida, mesmo que tudo em volta pareça escuro.

— De quem é a responsabilidade pelo estado em que se encontra sua vida?
Resposta:____
— Que objetivos pode estabelecer e que ações pode tomar para alterar o estado em que se encontra ou, simplesmente, melhorá-lo?
Resposta:____

Existem inúmeros "Gigantes" e "Quase Nadas" que nos impedem de avançar pelo cotidiano da vida, ainda assim escolhi esses exemplos porque penso serem aqueles que podem trazer a você um grau mais elevado de identificação e, por conseguinte, impulsioná-lo mais rapidamente à mudança.

SUMÁRIO

— O seu ego é o seu pior inimigo.
— As suas emoções se agigantam diante de você... tanto para o positivo, quanto para o negativo.
— Não podemos alterar o passado, mas podemos perdoá-lo.
— Quanto mais você se desresponsabilizar, mais areia atira nos olhos.
— A expectativa e a esperança nunca andam de mãos dadas. A primeira afasta, a segunda aproxima.
— Não é o tempo que falta, é a sua inconsciência que sobra.
— O amanhã é uma pura invenção da sua cabeça.
— Fale!
— A crise é uma oportunidade de mudança.

4

Acabe com as desculpas

Escolhi começar este capitulo com esta breve introdução, pois, e após tudo que já foi escrito por mim e por você nas respostas que já deu, considero fundamental desconstruir alguns padrões de comportamento e, literalmente, erguer outros, visando termos, diariamente, um excelente equilíbrio entre todas as nossas emoções e uma bela taxa de sucesso em nossas ações e nas experiências que todos os dias acumulamos.

Ainda que você esteja a caminho de ser a sua prioridade, tenha objetivos e estratégias bem desenhadas, estejam decorrendo ações que você mesmo iniciou, tenha se libertado de algum do medo que o algemava e entendido a importância dos "gigantes" e dos "quase nada" em suas 24 horas, não pode continuar se comportando como sempre o fez. Porque, acredite, o resultado seria muito parecido. Para ter uma vida diferente, precisa ter um comportamento diferente também.

Atente aos exemplos abaixo.

NÃO SE LEVE TÃO A SÉRIO!

Em todas as palestras que dou, reservo alguns minutos para este tema e, se possível, logo no início da conversa. Faço isso porque quero que a soma de todas as pessoas que me ouvem possa, rapidamente, ser um grupo. O objetivo é aproximá-las da minha energia e desconstruir padrões. Muitas vezes, em certos indivíduos, denoto uma forte resistência ao abraço de um desconhecido, ao vibrar com uma música que pede pulos e explosões de alegria e ao riso.

E por que isso acontece? Porque estão levando os padrões que gerem as suas vidas muito a sério.

– "Eu não toco assim numa pessoa que não conheço"; "Ai, que vergonha, ficar pulando"; "Alguma vez na vida, vou achar graça do que ele disse? Convencido!".

Esses exemplos são de pessoas reais. De gente que se acha superior, mais educada e mais engraçada. Mas serão? Ou serão pessoas de extrema insegurança? Não serão exemplos de alguém que se sente ameaçado, com medo que caia a sua máscara e extremamente vulnerável?

Aprendi que o palco, o microfone e as centenas de olhos em minha direção já me dão *status* mais que suficiente para criar a ilusão de que sou maior que o meu público. Se eu acreditar nessa informação que o meu ego processa, corro o risco de ir perdendo a audiência à medida que for falando e a credibilidade com o passar das insinuações. O ego consegue transformar um profeta de esperança e felicidade num gigante aterrador! As pessoas sentem isso e já estão fartas de se sentirem sempre inferiores. Descobri que é fundamental estar no palco e ser mais um deles é brincar com a minha pessoa para que o público possa rir de mim e não ter medo de mim. Assim, tenho por hábito vestir uma roupa básica e informal com a qual todos possam se identificar, deixando os ternos e as gravatas para os advogados, reconhecer a iniciativa de todos os que escolheram estar ali, a se autodescobrirem e contar umas piadas para criar, imediatamente, um excelente *rapport*, ou seja, uma boa empatia e a garantia de que as horas que passarão comigo, e com a parte deles que têm ignorado, valerão a pena. O humor aproxima as pessoas e o riso as leva, inconscientemente, a escolher o "Agora", em detrimento de todos os desafios que as esperam além da gargalhada. Mais que isso, a forma como o exploro acerca de mim, prova-lhes que a vida, dando outro significado às coisas, pode ser bem mais simples.

Vou dar um exemplo.

Numa determinada palestra, subi ao palco e, exposto perante toda aquela gente, apresentei-me, como sempre faço, dizendo o meu nome, a minha idade e a razão pela qual havia escolhido estar ali. Pedi para que todos fizessem o mesmo, um a um e de pé, e o movimento, o sobe e desce, começou, imediatamente, a criar alguma animação por entre o constrangimento de ter de falar em público. Depois, num tom sarcástico, disse às pessoas que não iriam ouvir nada que já não soubessem, mas que iriam ouvir muita coisa que prefeririam não saber. Os primeiros sorrisos, ainda que envergonhados, surgiram entre a plateia. Bom sinal, mas senti que precisava apurá-las ainda mais e, então, quando senti que o ambiente já respirava mais confiança, disse-lhes que estavam todos à vontade para me interromper o raciocínio durante a palestra, fosse com questões ou dúvidas, pois eu não possuía qualquer tipo de raciocínio em mim. Imediatamente, algumas pessoas desataram a rir e outras, soltaram-se finalmente pela primeira vez com a forma como encarei o meu momento de orador e o privilégio de ser o centro das atenções. Depois de justificar tal afirmação, senti a necessidade de que as pessoas não acreditassem verdadeiramente no que havia dito, e continuei dizendo que, além de ser um homem feliz, era um bocado idiota.

– Já percebemos isso – disseram algumas das pessoas, rindo.

Ora, isso é fantástico. Qualquer pré-julgamento ou preconceito que existisse acerca da minha pessoa e do que eu estava ali fazendo, acabou sendo vencido pelo simples fato de eu não me levar, nem ao que faço, muito a sério.

Agora atenção, o "não se leve tão a sério" não significa não estar 100% no que diz ou faz, nem levar as coisas na brincadeira. Não, não é nada disso! É apenas não se considerar mais, nem melhor. O exemplo que dei do palco, do microfone, do público e das mais variadas ideias que invento para criar uma sintonia equilibrada entre todos, vale para tudo e se estende aos mais variados campos profissionais.

Lembre-se de que somos todos professores e alunos uns dos outros.

E que, independentemente, do que vá dizer ou fazer a uma pessoa ou a centenas delas, apenas represente a sua verdade. Só isso. Não vale mais do que isso. Se você se levar muito a sério e considerar a sua verdade absoluta, por mais bem-intencionado que seja, estará sempre mais perto de se tornar o tal gigante aterrador. E sabe por quê? Porque você é incapaz de aceitar uma outra opinião sobre o mesmo assunto. Vive com a crença de que é o senhor da razão e isso, mais tarde ou mais cedo, irá isolá-lo. Bom, além dessa "patologia", temos ainda os perfeccionistas. As mesmas pessoas que se levam tão a sério num determinado aspeto pessoal ou acontecimento profissional, acabam vivendo numa luta pelo impossível, numa batalha extenuante que lhes mutila a felicidade, rouba a consciência e promove a culpa. Somos seres magnânimos sim. Perfeitos? Não! Temos todo o direito e o dever de tentar ser, a cada dia, melhores pessoas; ainda assim, nunca atingiremos a perfeição! Por que? Porque simplesmente não é possível, estando as nossas almas castradas em nossos corpos. Mas isso é bom! Abre-nos a porta das emoções. Aceitar as nossas imperfeições é um dos nossos grandes desafios. Conseguindo isso, podemos viver em paz com elas e, por consequência, conosco e com os outros!

Um dos melhores exemplos de perfeccionismo está relacionado com o corpo e com a imagem. As pessoas vivem tão obcecadas pelo culto da embalagem que se esquecem do conteúdo, do essencial: quem elas verdadeiramente são. Todos têm um corpo. Ninguém é um corpo! Acontece que, nestes casos, as pessoas são o que veem no espelho. Assim, se por qualquer razão e durante um mês, essas mulheres ou estes homens estivessem impossibilitados de ir à academia, ao cabeleireiro ou de adquirir uma roupa nova, todas as suas estruturas se abalariam e, tenho a maior convicção, cairiam por terra.

Por que? Porque a academia, o cabeleireiro e as roupas representam o meio para atingir o fim, ora, sem acesso a isso, tudo o que lhes passa pela mente é decadente e todo o esforço e dedicação que investiram ao longo de anos a fio vai por água abaixo em 30 dias. De potenciais perfeitos passam, então, a profundos miseráveis, mesmo que não notem quaisquer alterações em si a olho nu.

Então, como mudar esse padrão de comportamento? Atribuindo novos significados aos três exemplos mencionados. Ou seja, a academia representaria a saúde, o cabeleireiro a autoestima e as roupas o conforto.

O perfeccionismo representa, também, um álibi perfeito para esconder as profundas frustrações que moram em outras áreas da vida dessas pessoas. Principalmente a nível pessoal, de relação consigo mesmas, familiar ou amorosa. Por isso, ouvimos tanta gente dizer que, no trabalho, não conseguem deixar de se exigir menos que a perfeição. Pudera, é o único lugar onde podem brilhar!

— Neste momento, você se considera superior, semelhante ou inferior aos outros?
Resposta:____
— Em que aspetos da sua vida você costuma se levar muito a sério, considerando-se dono da razão ou perfeccionista?
Resposta:____
— O que pretende esconder com isso?
Resposta:____

NÃO LEVE SUA VIDA TÃO A SÉRIO!

Em relação à vida em si, ocorre o mesmo! Também não se pode levar esta experiência muito a sério. Se o fizer, corre o risco de passar o tempo inteiro da sua existência vivendo uma lista de problemas sem fim. Ainda assim, e como no tópico anterior, não estou pedindo a você que deixe de viver as coisas com paixão e intensidade. Antes pelo contrário. Viva-as!! O que quero que entenda é que se as coisas, porventura, não ocorrerem como esperava ou se achava merecedor, não lhes atribua um significado tão sério.

Lembre-se: foi apenas mais uma experiência. Próxima!

Cada um de nós é o comandante da sua vida, logo, podemos escolher valorizar as coisas boas e desvalorizar as não tão boas.

Há muita gente que diz, por ter lido em livros e, outras, por terem sentido na pele, que desvalorizar as coisas ruins é negar uma lição e que só aprendemos pela dor. A minha questão é: O que aprendemos? Aprendemos o que não devemos voltar a fazer, é isso? Se assim for, e sob esse único e limitado ponto de vista, estou de acordo. Acontece que o âmago da vida é outro e está centrado no que deve fazer! É como aquelas pessoas, provavelmente você, que dizem, cheias de confiança e certeza, não saber o que querem da vida, mas já sabem perfeitamente o que não querem. O que isso vale? Aonde isso leva você? Parabéns, você tem o passaporte para não ir a lado nenhum. É que saber o que não queremos não nos faz sair do lugar. É certo que não nos magoamos tantas vezes, mas a vida não é sobre dor e medo, é sobre ação e amor.

Vou contar uma história. Admito que, pelo título que lhe dei, possa parecer, no mínimo, estranha; ainda assim, lembre-se do que escrevi, eu gosto de levar as coisas não tão boas que me acontecem com algum humor. Sempre que o faço, provo a mim mesmo que está tudo aceito, perdoado e que posso seguir em frente.

O pernilongo, a biela, o choro da criança e o cão querendo passear

Foi numa noite recente. Estava exausto e precisando dormir. Deitei-me tarde e tinha de acordar cedo. Desliguei a luz, ajeitei o travesseiro, dei tréguas ao corpo e livre trânsito à alma. O ar estava quente, eu despido e descoberto, um pernilongo à espreita. Acordei, pouco tempo depois, com as suas investidas, algumas bem-sucedidas, e com o seu voo, engraçado, bem à frente do meu nariz. Havia passado menos de uma hora. Tempo insuficiente para eu recuperar do cansaço e para a pobre lâmpada chegar a esfriar totalmente. Acendi a luz e, sem disfarçar um certo desconforto, procurei-o pelas paredes, cantos e entre a decoração do quarto. Nada. Nem sinal do bicho. Frustrado, cansado e, agora, sem sono, decidi desligar, novamente, a luz e ver o que acontecia. Podia ser que tivesse sorte. Não tive. Em vez do som irritante do pernilongo, era, agora, o cair pesado e estridente dos segundos e o escorregar sorrateiro da noite, comigo de olhos abertos. A mistura de todos os ingredientes gerou, em mim, confesso, alguma raiva e essa energia trouxe à noite outro dos protagonistas: uma biela. Para quem não sabe, uma biela é uma peça fundamental do motor de um automóvel, que trabalha, ou deve trabalhar, em plena harmonia, com a inseparável amiga, a cambota. E como isso me vem à cabeça, durante a madrugada? Posso explicar. Eu tinha uma van que, em menos de um ano, ficara no prego três vezes na estrada, fora as vezes em que chegou se arrastando à oficina. O problema era sempre diferente. Ou seja, a soma de todas os reparos já ia em milhares de euros, mas o pior é que eu criara, perante aquela história, uma raiva imensa. Ora, energia chama energia e *pimba*!, lá estava eu na cama com a biela, a peça que, desta vez, me faltava. O coração batia como se estivesse numa luta ou perante o fim do mundo.

Não estava. Só cheguei lá quando o pernilongo voltou a gozar da minha cara. Acendi a luz, vi-o pousar, sem tempo para se esconder, empunhei a primeira coisa que a minha mão apanhou, concentrei-me e *pimba!*, exorcizei a ira... o pernilongo morreu de causa natural, esmagado entre uma almofada e uma parede. Que felicidade... o seu desaparecimento alterou o meu estado, desliguei a luz, esqueci a biela e adormeci. Quem dera! Não cheguei a adormecer. De repente e sem explicação, o filho dos meus vizinhos de baixo, nascido há poucos meses, irrompe a madrugada com gritos dilacerantes e um soluçar aflito. Cólicas? Dentes? Fome? Algum amigo do pernilongo? Enfim, esmurrei a cama como se ele tivesse culpa da minha birra, da minha vitimização. Era tarde demais para conseguir dormir, ao todo, três horas que fossem. A criança se calou, mas eu já estava derrotado. De olhos abertos e sem uma aparente motivação para fechá-los, já via a luz por detrás das janelas e ouvia os barulhos matinais de quem, ainda entorpecido, tenta se levantar... mentira. Era apenas algo que a minha mente criava para continuar me vitimizando e culpando todos os outros, menos a mim, pelo tumulto da noite que estava vivendo. Adormeci, sem merecer, mas acordei logo em seguida. A viagem ao fim do mundo ainda não tinha terminado. O meu cachorro se lembrou de acordar antes da hora habitual. À porta do meu quarto, chiava. A bexiga cheia lhe efeminizava a voz e, como se não estivessem pessoas tentando dormir há cinco horas, esqueceu o porte de macho alfa e deu uma de florzinha assustada. Levantei-me pensando que nunca devia ter me deitado, vesti-me, dei-lhe comida e fui levá-lo à rua. Estava chovendo.

Confesso que foi apenas com o passar das horas que comecei a ganhar consciência do que, realmente, acontecera. Duas opções: ou justifico algo que, no meu dia, aconteça de errado com o que vivi durante a noite, ou escolho dar um significado diferente.

Qual? Este, precisamente. Rir do que vivi e compartilhar para que você, identifique-se ou não, possa rir um bocado também. E que noites assim vamos viver a vida inteira, a importância está no significado que lhes damos.

Se eu tivesse levado muito a sério qualquer um ou os quatro acontecimentos daquela noite, provavelmente ainda hoje os culparia por estar cansado, ter torcido o pé ou ter sido incorreto no trânsito. Além disso, sempre que desse de "almofadas" em um pernilongo, tivesse um problema no carro, ouvisse o filho dos vizinhos chorando ou o meu cão chiando, iria, automaticamente, transportar-me para aquela mesma energia que me fez espancar a cama.

Resultado: noite em branco e dia negro.

É importante estarmos atentos à sobrevalorização que damos às coisas e aos acontecimentos da nossa vida. Alguém mais sensibilizado, que tenha tido uma experiência ruim recentemente ou que permita que sua mente seja, consecutivamente, assaltada por seu passado e esteja lendo estas páginas, dirá, numa espécie de desabafo, que esta minha noite é uma brincadeira quando comparada ao acidente que viveu, ao desaparecimento de um ente querido, à falta de dinheiro, de trabalho e por aí adiante. Ótimo! Era precisamente a essa parte sua que eu queria chegar. Aliás, esse foi o outro motivo pelo qual escolhi compartilhar este episódio.

Quis provocar em você sua vitimização. Por que, então, você se acha com muito mais razões para ser infeliz, incapaz de aceitar os acontecimentos pessoais e colaterais da sua vida e cheio de motivos para não conseguir levar tudo isso com menos seriedade?

Pois, muito bem. Você venceu! É bom que saiba que esta é, também, uma competição na qual eu escolho sempre perder. A vitimização é uma vítima sem ação. E se, pontualmente, podemos, até, ser vítimas de algo ou de alguém porque o simples fato de estarmos vivos nos sujeita a isso, o que nunca pode acontecer é abandonar e pormos de lado a hipótese de nos erguermos. Pode reclamar o prêmio da sua consagração ao longo de sua vida inteira. E uma caixa de lenços de papel, comprimidos para dormir e uma viagem, com estada e pensão completa, a lugar nenhum. Agora, se ainda se encontra nesse estado, mas se sente munido de uma coragem inexplicável para enfrentar a dor e o medo e só não sabe como fazê-lo e para onde ir, retroceda no livro e releia tudo o que já foi escrito acerca disso. Mais para frente você encontrará, também, novas possíveis soluções, aliás, as mesmas que me desancoraram do sofrimento, quando, também eu fui parar no hospital depois de inúmeros acidentes, ter assistido ao desaparecimento de duas pessoas que tanto amava, ter de equacionar por a minha casa à venda um ano depois de tê-la comprado, ter de lidar com quase dois anos sem trabalho e sem subsídios e por aí vai.

Tudo acontece a todos. Nem todos desistem por tudo e por nada.

Esta existência é apenas mais uma passagem. Não é mais importante que a anterior, nem mais fundamental que a próxima. Em curso está a sua evolução enquanto alma e, se a levar muito a sério, perde metade do caminho, não distingue metade das oportunidades. Apaixona-se e ri metade das vezes, toca apenas metade das pessoas e nunca evolui por inteiro.

As escolhas são ilimitadas e você é único dono e senhor da sua vida. Depois de uma noite mal dormida, pode escolher rir. Depois do desaparecimento de alguém que ama, pode escolher ir até uma praia e agraciar, ainda assim, o por do Sol. Se não tem trabalho, pode escolher ir passear nos lugares nos quais gostaria de trabalhar e entregar currículos. Se não tem dinheiro, pode escolher sair de casa a pé e se encontrar com amigos.

Como vê, a vida é mais simples do que parece. Não a leve tão a sério!

— Quando foi a última vez que riu de si mesmo, depois de um acontecimento desconfortável?

Resposta:____

— Do que anda sempre se vitimizando?

Resposta:____

— Que escolha você pode fazer "Agora", de forma a sair desse estado, da cama e dessa viagem a lugar nenhum que tem feito ultimamente?

Resposta:____

NÃO LEVE OS OUTROS TÃO A SÉRIO!

Sempre que temos alguém em consideração excessiva, e falo, neste caso, de algo muito para lá da admiração, geramos dependência. Refiro-me, obviamente, a alguém próximo, do seu círculo de conhecidos e a quem permite ser uma influência em sua vida. Há tanta gente que trocaria quem é pela vida deste ou daquela.

— Você trocaria?

Resposta:____

— Por quem? (Escreve o nome da pessoa)

Resposta:____

Idolatrar é sempre, mais tarde ou mais cedo, sinônimo de dor.

Ninguém pode salvá-lo, ninguém pode fazer por você o que você mesmo não é capaz de fazer. Ninguém vai ampará-lo o insucesso e a tristeza para sempre. Ame, sim! Apaixone-se, claro! Mas não coloque ninguém à sua frente. Ninguém é mais importante que você, ninguém tem mais direitos que você, ninguém é mais especial que você. Um amigo, um familiar, um líder, alguém que o inspire pode potenciar quem você é, um ídolo nunca! E por quê? Porque um ídolo exige sempre alguma coisa. Se você o idolatra, o quer para si, quer sua total atenção e aprovação, quer ser ele. Deixa de ser incondicional e os condicionalismos só trazem tempestade à vida das pessoas.

Os outros estão aqui com o mesmo propósito que você: viver sua experiência pessoal e, nos intervalos, dar as mãos. Não projete neles o seu sonho. Não faça deles uma coisa tão boa e de você uma coisa tão ruim. Invista em você. O seu tempo é precioso e você é um milagre.

Tudo o que escrevo não são meras frases que me vêm à cabeça, são lições que marcaram o meu corpo e que, em determinado momento, libertaram a minha alma. Deixe-me compartilhar o seguinte.

O AMIGO E O ÍDOLO

O início da minha aventura como ator não foi fácil. Também, e honestamente, não merecia outra coisa. Havia tido pouquíssima formação e, de repente, fui largado às feras porque era alto, bonito e simpático. Houve momento em que me senti perdido, inseguro e prestes a desistir, não de um sonho, porque nunca o foi, ainda assim, de algo que gostaria de saber fazer. Foi nesse período que conheci um colega, bem mais experiente, que aceitou me dar a mão e, através do seu currículo e da sua crescente amizade, comecei a reorganizar os meus objetivos, a me tratar melhor quando entrava em cena e a respirar os tempos necessários que se exige a quem trabalha no mundo da representação. Por estar sempre ao seu lado e termos iniciado alguns projetos juntos, fui-me deixando levar pela magia do palco e da fama e, inebriado com a minha nova amizade, deixei de estar atento ao essencial: EU!

Em pouco tempo, comecei a ser reconhecido pelo meu trabalho e por trabalhar com ele. Em sua ausência, não hesitava em afirmar, perante a mais variada imprensa, que o mérito da minha ascensão e da minha competência era todo dele. Imaginava-me subindo um palco, numa celebração qualquer, para receber um prêmio de ator e dedicá-lo a ele. Queria ser como ele. Queria ser ele.

Ele, Ele, Ele!

Ora, tudo isso somado ao fato de sua aparição ter ocorrido num momento de tão grande vulnerabilidade minha, fez com que eu me alienasse de mim e, sem dar conta, comecei a levá-lo muito a sério e, com isso, a correr os naturais riscos da minha escolha. Numa fase inicial, eu era uma esponja ingênua, sedenta de aprendizagem e dizia sim a tudo. Ele se sentia bem no papel de mestre e eu no de discípulo. Acontece que depois, e de uma forma totalmente inconsciente, comecei a depender da sua aprovação em praticamente tudo o que fazia na profissão. Se ele estivesse por perto, pedia-lhe para assistir à cena e depois comentar, se não estivesse, vivia na esperança de que, semanas depois, ele visse o meu trabalho na televisão de sua casa e, posteriormente, me pudesse ligar para dar sua opinião. O seu "Gostei" era pão para a minha boca; o seu "Não Gostei" me destruía e me fazia sentir pessoalmente atingido.

Resultado: comecei a ter medo de falhar perante o meu ídolo. Ele que fizera tanto por mim e de mim o que eu era naquela altura.

Assim, o medo começou a me petrificar durante as cenas e eu, em vez de sentir a personagem e tirar o maior partido da experiência, vivia constantemente com uma voz interna, semelhante à dele, me dizendo "Reprovado" e uma outra, a minha, dizendo "Culpado".

Foi assim durante algum tempo e só deixou de ser quando me emancipei. Quando entendi a razão pela qual o líder que eu havia sido durante todo o meu percurso enquanto bailarino e coreógrafo havia dado lugar ao súdito e enfraquecido Gustavo.

Quando iniciei na carreira dramática, vinha de um enorme processo de dor. O médico que me acompanhava havia me dado como, clinicamente, inapto a continuar o meu sonho: a dança. Nesse momento, senti-me abandonado pela magia, pelo mundo perfeito no qual a minha escolha, anos antes, me levara e como se isso não bastasse, as vozes de quem nunca estivera de acordo com a decisão de me tornar bailarino se ergueram de novo, mais fortes que nunca, e eu fui permitindo que a minha autoestima se tornasse o lugar inóspito que era quando o conheci.

Quando eu mudei o significado que lhe dera e me pus à sua altura, de onde nunca devia ter saído, ele também mudou e perdemos a identificação. Não nos falamos há alguns anos.

— O que levou você a querer ser essa pessoa? A idolatrá-la?
Resposta:____
— Em que estado você se encontrava quando a conheceu?
Resposta:____
— E agora, o significado que lhe deu ainda faz sentido para você?
Resposta:____

Mas levar os outros muito a sério não nos conduz apenas à idolatria.

Há um outro lado, igualmente perigoso, que se situa, precisamente, no extremo oposto, ou seja, na relação que você tem com as pessoas que, sob o seu ponto de vista, são incapazes e incompetentes. Se levar muito para o lado pessoal a incapacidade e a incompetência alheia, está a um passo a menos do abismo e a alguns mais de si. Sempre que se foca nos outros, a distância entre você e quem é se torna maior.

Recordo-me de uma conversa com uma amiga minha, sentados num restaurante muito agradável, almoçando uns fabulosos crepes de camarão. Ela me dizia, com uma cara nada condizente com sua beleza e o ambiente do espaço:

– Já não aguento a faculdade. Sei que só faltam dois meses para acabar a licenciatura, mas ando tão farta, cansada e sem alegria nenhuma que, às vezes, só tenho vontade de desaparecer.

– Você? – perguntei eu.

Ela não respondeu. Escondeu-se no arroz amarelado que acompanhava a iguaria. Insisti.

– Sempre ouvi você dizer que estudar era o que mais amava fazer e que a faculdade representava uma parte enorme da sua felicidade.

– Sim, e é verdade. Só que os trabalhos de grupo estão acabando comigo. Sou eu que levo o grupo nas costas, sou eu que faço quase tudo sozinha, sou eu que tenho de combinar como e quando nos encontramos, sou eu que tenho de ir falar com os professores, sou eu, sou eu, sou eu...

Emocionou-se e, para não desfalecer, baixou a cabeça para se encontrar de novo com a respiração. Era clara a consternação e a revolta dentro dela. Tentei levá-la à consciência.

– Mas isso não é um trabalho de grupo? – frisei a palavra "grupo".

– Então... devia ser.

– E por que está querendo fazê-lo sozinha?

– Porque elas não se mexem e porque sei, por experiência própria, que a nota é sempre igual para todos, independentemente de quem faça o quê. Porque elas preferem ir à praia e sair a fazer a tarefa. Porque são incompetentes e irresponsáveis.

– E você, é o quê?

– Neste momento, sou uma pessoa triste.

– E elas?

– Elas parecem ser felizes.

– Parecem ou são?

– Na minha frente são.

A verdade lhe bateu com tanta violência que acabou pousando os talheres e permaneceu quieta olhado para mim, como se eu não estivesse lá. Escolhi o silêncio nos instantes seguintes. Além disso, a comida estava esfriando e o momento se tornou relevante.

– Por que depende de uma nota tão alta?

– Porque mereço e porque, neste momento, é a única coisa que tenho para me sentir feliz.

– O que tem ganhado com isso?

– Nada. Dores de cabeça, noites mal dormidas, estresse e alguns aborrecimentos.

– Acha que aguenta isso mais dois meses?

– Não. Tenho certeza que não.

– E pensa que elas estão brincando com você e com a faculdade?

– Não, claro que não.

Alimentou-se, finalmente. Três valentes garfadas derrotaram o primeiro dos dois crepes que havia no prato.

– Então, deixa-me apresentar a você dois caminhos. Um, você começa a confiar e acaba com a história que criou a cerca delas de que, por serem felizes, são incompetentes. Dois, se quer assumir o trabalho sozinha, faça isso incondicionalmente. Se não as julgar, não tem dores de cabeça, noites mal dormidas nem aborrecimento nenhum. É a culpa que não deixa você em paz.

Ela se aquietou. Eu meti o garfo no prato dela e devorei o crepe que faltava, antes que ela escolhesse uma das saídas.

Não espere que os outros modelem a sua concepção de mundo. A incapacidade e a irresponsabilidade são questões muito subjetivas. O que para você pode ficar aquém, para mim pode ser mais que o suficiente. Além disso, cada pessoa tem o seu tempo e o direito de geri-lo como bem entender. Pessoas diferentes com objetivos iguais têm, ainda assim, velocidades, prioridades e momentos para a ação diferentes. Se levar essa diferença muito a sério, terá o destino da minha amiga e não me refiro a ficar sem um crepe de camarão, falo do risco de pensar, seriamente, em desistir de algo que ama fazer e mal conseguir dormir a seu lado.

— Você está passando por uma situação dessas? Se sim, descreva-a.
Resposta:____
— De zero a dez, sendo dez passar já para a ação, a que distância você se encontra de confiar ou agir incondicionalmente?
Resposta:____

Uma vez desconstruídos alguns paradigmas de comportamento, está na hora de edificar material saudável, algo que nos dê estabilidade, orientação e a possibilidade de render o máximo seja em que área for da vida.

HAJA SAÚDE!

A saúde é o seu bem mais precioso. Isto sim, é para levar a sério! A saúde é uma conquista diária e quem pensar que ela cai do céu nunca chegará lá, pois o céu é o "Agora" na Terra e só num estado saudável será possível você se entregar neste momento seja ao que for ou a quem for.

Ainda que possam existir, e eu acredito, razões ancestrais para definir o momento do nosso parto, um nascimento saudável é a única fonte de sorte em nossa existência, ou seja, é algo que não controlamos e que pode ocorrer bem ou não tão bem. Todo o resto, desde o primeiro minuto de vida, depende de nós. Difícil acreditar? É o bebê que, inconscientemente, escolhe respirar e, como tal, depende apenas de si para existir, quer seja órfão, abandonado pelos pais ou nasça prematuro e com necessidade de se instalar na incubadora. Depois, com o passar dos anos, e munidos de consciência, é a interpretação que fazemos da vida que define o nosso mérito e demérito e, assim, o resultado de quem somos.

A saúde é o seu ponto de partida para tudo. É a base em que pode assentar tudo o que deseja construir ou experimentar. Quanto mais saudável for, mais habilitações tem para ser feliz. E por quê? Porque a felicidade pressupõe ação.

A soma de todas as queixas que você faz do trânsito, da chuva, do frio, de pessoas chatas com quem tem de lidar, da sobrecarga de trabalho e afins, não são tão graves nem limitadoras quanto uma simples dor de dentes, de garganta ou de estômago. Certo? Tenho a certeza de que sempre que está acamado e à base de comprimidos, daria tudo para estar na fila habitual de carros a caminho do emprego, na rua com um frio de congelar, aturar a seca dos seus colegas ou trabalhando que nem um cão (verdade seja dita, eu tenho um cão e ele não faz absolutamente nada, mas, enfim, é uma expressão popular e achei que ficaria bem aqui).

O ser humano é uma coisa engraçada.

— O que é a saúde para você?

Resposta:____

— O que você faz para promovê-la?

Resposta:____

Levar a sério a saúde é respeitar o que de mais sagrado há em você. O quê? O que você julga não saber, mas sabe tão bem, a sua matriz. Por ser infinitamente mais consciente em seu interior, é que são necessárias medidas, diárias e exteriores, que protejam tudo o que é único em você, ou seja, sua luz, esse lugar tantas vezes recôndito e ignorado onde consta, numa transversalidade ancestral, toda a sua informação e que, por isso mesmo, é designado por alma, **A**quele **L**ugar **M**ágico de **A**mor. As medidas que falo passam, naturalmente, pelo exterior, mais especificamente pela carapaça da nossa alma, o corpo, e pelo centro de interpretações, o nosso cérebro.

Assim, considero que existem quatro aspetos fundamentais para uma saúde equilibrada: uma boa alimentação, a prática contínua de exercícios físicos, a ausência de vícios e, aquela que para mim é a mais determinante, uma boa relação com as nossas emoções. Se relativamente às três primeiras você não deve ter qualquer dúvida, pois o que não falta hoje em dia é informação sobre os temas, já a última pode lhe causar algumas reticências. E por quê? Porque a informação acerca da nossa saúde emocional é escassa, cientificamente mais difícil de provar, ainda que frequentemente já saiam novos estudos sobre o tema, e de muito mais difícil acesso. Uma coisa é trabalhar o corpo, outra, bem diferente, é trabalhar a mente. E que aqueles que trabalham o corpo, médicos, *personal trainers* e afins, têm muitas vezes a cabeça tão desajustada quanto à dos seus pacientes ou clientes e, ainda que tenham uma boa dieta, façam uma boa dose de exercícios e tenham a profunda consciência do mal-estar causado pelos vícios, não escapam de uma saúde debilitada. Então, se o principal são as emoções, como podemos trabalhá-las? Redefinindo as interpretações que fazemos perante os acontecimentos e as escolhas da vida.

A saúde e a doença são, assim, e no meu entender, uma equação de mais parcelas na qual, no primeiro caso, o amor, o perdão e a aceitação são uma tríade vital e no segundo, o medo, o rancor/culpa e a raiva são uma tríade mortal.

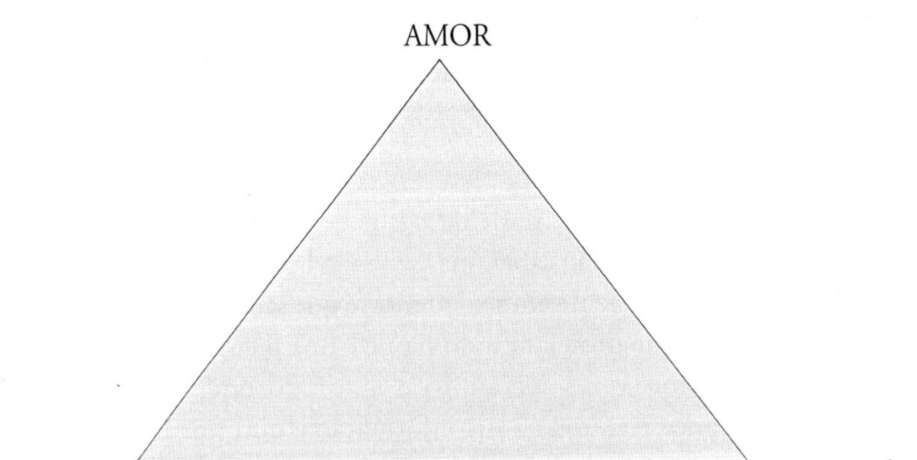

(Tríade vital)

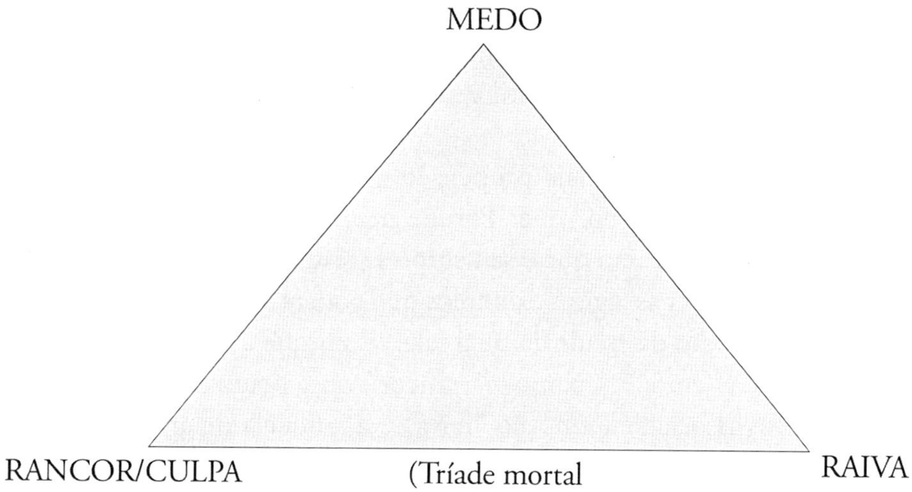

(Tríade mortal

Com esses exemplos, pretendo demonstrar o reverso da medalha, ou seja, quem não perdoa vive diariamente intoxicado com emoções como a culpa e o rancor. Quem tem dificuldade em aceitar está imerso em raiva e quem não ama é dominado pelo medo.

Feche os olhos por alguns instantes e se lembre da última vez em que esteve realmente doente, ou seja, não se trata de quebrar um pé ou uma constipação, refiro-me sim a algo que deixou você acamado, indisposto e, perigosamente, consciente de que não estava bem. Já? Agora, recorde-se do estado emocional em que se encontrava nas semanas antes da doença se manifestar. Quando estiver pronto, responda às seguintes questões:

— O que você não estava conseguindo aceitar?
Resposta:____
— Quem não estava conseguindo perdoar?
Resposta:____
— Onde você havia perdido o seu amor-próprio?
Resposta:____

Não precisa responder as três. A resposta a apenas uma é suficiente para mandar você para a cama, fazer exames de sangue e se assustar. E olha, se quando chegar ao fim do livro e na segunda passagem, que o aconselho a fazer, ainda der a mesma resposta a alguma dessas perguntas, é porque nunca saiu do estado febril e, mais tarde ou mais cedo, irá parar na emergência outra vez.

Você tem muito mais propensão a ficar doente quando as suas emoções apodrecem. E por quê? Porque nenhum ser humano tolera um longo processo de dor sem que o seu corpo se ressinta. AVC, ACV, cânceres e depressões são apenas alguns exemplos que podem ter origem na ausência ou na má utilização da tríade da qual falei. E porque à ausência de perdão estão associadas emoções como o "rancor" ou a "culpa", a ausência de aceitação está associada à emoção "raiva" e a ausência de amor à emoção "medo". Já pensou no que é lidar com essa carga anos e anos em sua vida? Sim, há pessoas, e eu as conheço, que passam décadas sem perdoar, sem conseguir aceitar e, totalmente, desprovidas de amor-próprio. Para o corpo físico se ressentir, o corpo emocional precisa estar literalmente em farrapos. Solução? Como já disse, redefinir interpretações. Como? Vou dar um exemplo. Se interpretar uma determinada atitude de alguém como uma manifestação intencional de maldade para com você é diferente de entendê-la como, ainda que fique aquém daquilo que considera justo ou bom, o melhor que a pessoa sabia naquele momento, ou seja, perdoar é, incomparavelmente, mais fácil perante a segunda interpretação. Você ficará isento de todo e qualquer rancor e o tempo que gastaria julgando, interiormente, aquela pessoa pode ser investido na experiência de uma qualquer paixão sua.

Claro que nada é assim tão linear e, naturalmente, existem exceções. Uma criança não escolhe negligenciar a sua tríade e, ainda assim, pode ir parar no hospital. São acontecimentos ingratos, tristes e, muitas vezes, incompreensíveis, mesmo que se compreenda o caminho, é a missão da alma. Ainda assim, não servem para adormecer você, para entregar sua vida ao acaso nem como exemplo para nada.

Você é responsável por si mesmo e pela saúde que tem.

Agora, uma coisa é levar a sério a saúde, outra, bem diferente, é levar a sério a doença. Neste segundo caso, não há nada mais errado que você possa fazer. A doença ou é um acontecimento, algo que você não controla e sobre o qual nem adianta falar porque, na maioria dos casos, nem prevenir você pode, ou é o resultado de uma série de fatores do qual já falamos e, uma vez adquirida, só tem um caminho: amar, perdoar e aceitar. Não há comprimidos nem produtos naturais com o poder e a influência do amor, do perdão e da aceitação. É claro que, uma vez prescritos, devem ser tomados, mas o seu efeito na cura será sempre temporal e curto se, durante o processo, você não resolver as suas emoções.

Tenho, bastante próximo, o caso de um homem exemplar.

Há mais de dois anos que ele aguarda, na lista de espera mundial, por uma transfusão de medula, ainda assim e correndo os inúmeros riscos inerentes à patologia, está sempre bem-disposto, de sorriso encantador nos lábios e com uma boa conversa na ponta da língua. O médico, que já o batizou de "Bomba-relógio", proibiu-o de dirigir, de passar os fins de semana fora, de evitar caminhadas e esforços de todo tipo. O homem, sempre de chapéu na cabeça para evitar a exposição solar e alguns cuidados extras com a alimentação, escolheu não deixar de viver nada daquilo. Ama conduzir o seu conversível, ir para a fazenda em Coruche, uma vila em Portugal, tratar da água da piscina e da relva, e passear tranquilamente pelo campo. Confesso que quase nunca me lembro de que estou dialogando com um homem em risco de vida, ao qual um mínimo arranhão pode gerar uma tremenda hemorragia e, dependendo da distância a que se encontra do hospital, ser fatal. Mas eu não me lembro porque ele não me faz lembrar, porque ele escolheu não interferir em sua felicidade, naquela que encontrou depois de, recentemente, ter feito as pazes com a filha. O afastamento paterno, durante anos, potenciou sua doença; a reconquista do amor, por ambos, potencia a cura.

Belíssima forma de interpretar a doença, não?

Reforçar uma doença, repetindo inúmeras vezes o seu nome ou entregando-lhe de mão beijada o centro do seu mundo, vai enfraquecê-lo de tal maneira que não há médicos, químicos, produtos naturais ou boa vontade que cheguem para salvá-lo.

Escolha não levá-la a sério, não lhe dar mais importância do que ela já tem. Como? Encarando-a! Faça frente a ela, sem medo, e não antecipe a derrota. Se ela chegar, pois bem, assume-a nos seus últimos instantes e aceite a condição humana; porém, lembre-se, também, de como valeu a pena sorrir no processo, viver até ao fim e de como você foi um exemplo para tanta gente que, ao saber de você, poderá ser feliz em seus últimos dias, meses ou anos de vida.

Nada acaba aqui...

AGARRE AS OPORTUNIDADES QUE A VIDA DÁ A VOCÊ

Agora que já temos uma base sustentável, a saúde é a melhor interpretação que dela podemos fazer, vamos começar a levantar uma pirâmide, pode ser?

O que é uma oportunidade? É tudo. Uma oportunidade é uma possibilidade e você, caso se permita, pode tudo. Como acontece todos os dias e a todas as horas, é algo corriqueiro, pequeno, quase invisível, e, por isso, nem sempre é interpretado da melhor maneira. Pode criá-las ou, simplesmente, estar receptivo porque elas também surgem do nada. A única premissa para você ter uma vida cheia de oportunidades é estar desperto e querer, de fato, viver. Nada mais. Uma oportunidade é um abraço, é um telefonema convidando-o para ir almoçar ou jantar fora, uma ida à praia ou à discoteca, é um filme que o deixe pensando, é um livro que o faça rir ou se emocionar, uma conversa que fica, um sorriso que se tira, uma pessoa que passa e o faz olhar para trás, a sua *senha* do Facebook por permiti-lo entrar sempre e a hora que quiser, uma viagem maravilhosa, enfim, tanta coisa. Tudo é uma oportunidade para você sair de onde está, fazer uma coisa diferente, conhecer pessoas novas, estabelecer novos contatos, largar a rotina e ser feliz. A oportunidade o vincula sempre ao "Agora", é uma pequena grande coisa na qual, com certeza, você encontrará as raízes da sua felicidade e, uma vez regadas, ou seja, vividas, darão origem à pessoa maravilhosa que sempre foi e nunca soube.

EXERCÍCIO 6

Durante uma semana, anote no Anexo 6 todas as oportunidades que tiver. As que você criou e as que vão surgir. Esteja atento. Depois, coloque um "certo" em frente àquelas que viveu e um j"xk" nas que ignorou porque, simplesmente, não teve vontade ou não se identificava. Por último, analise quantas oportunidades teve nos respectivos sete dias da semana e o que sentiu ao vivê-las. Aonde elas o levaram? No que deixou de pensar? Ganhou ou perdeu ao ter aceitado o desafio? Vai repetir? Quando?

AS SUAS ESCOLHAS TRAÇAM O SEU CAMINHO

Você é a soma das suas escolhas e se encontra no preciso momento que escolheu para si mesmo. Não há nenhuma verdade acima dessa e nem ouse pensar nas incontáveis estórias que tem contado a si mesmo ao longo da vida e que têm lhe servido de argumento para não conseguir ser, ter e fazer seja o que for. Esse tempo de lamentação tem de acabar, já não há desculpas, e você tem de começar a se responsabilizar pelo que é, quer goste ou não. Só assim, conseguirá reunir a força necessária para fazer novas escolhas e criar um estilo de vida diferente. Essa tomada de consciência, ou seja, a certeza de que é dono e senhor da sua vida, é determinante para a sua existência porque uma simples escolha tem o poder de eternizar o amor ou de matar você na dor, tem a força de fazê-lo viver e ser tremendamente apaixonado ou de matá-lo lentamente por estar a anos-luz daquilo que gostaria de ter feito e vivido.

Mesmo numa situação extrema como um atropelamento numa calçada, a pessoa não precisa de grande desculpa ou atenuante. Tal como já referi ser o exemplo das crianças no tratamento de oncologia dos hospitais, estamos falando de um acontecimento em que você não teve hipótese de escolha nem qualquer responsabilidade no sucedido; porém, uma coisa é certa, se for adulto e recuperar a consciência de si mesmo, tem a partir desse momento, mais ou menos limitado, todo o poder para fazer um *reset* no que lhe aconteceu e escolher, de novo, o melhor para si, tendo como ponto de partida a situação em que agora se encontra.

É difícil para você ler isso? Ainda bem, porque o que eu quero mostrar a você é que pode pregar a este mundo e ao outro, durante sua vida inteira, que foi atropelado numa calçada e isso lhe servir de justificativa para tudo e mais alguma coisa, incluindo a "pena" alheia, mas para mim essa conversa de vítima não passa de blá blá blá, ou pode, e isso sim é gratificante e inspirador de se assistir, escolher começar de novo.

Vou compartilhar com você duas histórias com escolhas bem diferentes. Uma levou-me ao sonho, a outra ao pesadelo.

1 – A DANÇA

A primeira vez que me senti, verdadeiramente, homem e já tinha levantado a voz para a minha mãe, escolhido deixar de falar com o meu pai, felizmente por pouco tempo, e feito alguns episódios do programa de televisão "*Querida, desarrumei-te o quarto todo*" por Portugal inteiro, foi quando decidi abandonar a faculdade e o curso superior que frequentava e, na metade do último ano, escolhi a vida de dançarino profissional! Era o meu sonho. Aos 17 anos tive as minhas primeiras aulas, aos 18 comecei, eu próprio, a ensinar o meu Hip-Hop e a partir dos 19 passei a viajar pelo país em exibições e campeonatos nacionais com o meu primeiro grupo. Nada se comparava à sensação de pisar no palco. Aliás, descrevi, embora de forma adaptada, exatamente o que sentia ao dançar no meu terceiro romance, *A Dança da Vida*, e ofereci-o a uma personagem feminina, de nome Sara:

> "(...) – Do que gosta mais quando está dançando?
>
> – De ter os olhos abertos e não ver nada. De não pensar. De viver o momento. De sentir que domino o espaço e o tempo e que sou, exatamente, o que deveria ser. Uma mulher poderosa, dona de um poder absoluto, uma deusa digna de ser contemplada, capaz de possuir quem quer... e possuo, mas o prazer é todo meu. Eu toco sem tocar e nunca sou tocada. O que os outros conseguem alcançar é apenas o fogo de artifício que explode de cada canto meu e o êxtase do meu gozo. Os olhares em minha direção alimentam-me. Eu não os vejo, mas sinto-os presos a mim como se de mim dependessem. E eu sacio-me disso... puro capricho. (...) A totalidade... não há mente, apenas emoção. Sou um turbilhão de energia, uma onda única e contínua na qual o movimento impera e habita. O meu coração, juro, pulsa consoante as diferentes batidas de cada música. O corpo... adoro vê-los coreografados e limpos, como uma orquestra afinada. E paixão o que eu sinto. E de amar que eu gosto. (...) sei que o que acabei de dizer pode parecer inadequado, mas o que vocês me pediram foi para falar de uma fusão perfeita que não faz parte deste mundo, logo, não dá para verbalizar muito bem. (...) Deixa-me só com partilhar uma última coisa. É uma ideia muito minha. A humanidade não tolera a hipótese da plenitude enquanto ela se encontrar fora do seu alcance, mas a verdade e que eu a sinto quando danço... para mim e fácil atingir a mítica felicidade com uns simples tênis calcados, pessoas para os meus olhos e uma música de fundo."

Sempre que escolher, escolha por amor.

É claro que estando debaixo do mesmo teto que a minha mãe e sob a alçada do meu pai, era ele que me pagava a faculdade, não foi uma decisão fácil... para eles. Para mim, foi o chamado "sem sombra de dúvida". Mal recebi o telefonema da produtora me endereçando o convite para trabalhar no novo projeto deles, liguei aos dois e, sem vacilar uma única vez, informei-os do que estava prestes a fazer.

Existem sempre dois caminhos: escolher viver o seu projeto de vida, ou viver o projeto de vida que os outros têm para você. E aqui, não existem dúvidas sobre as boas intenções, neste caso, dos meus pais que, a todo o custo, tentaram me desviar da ideia louca de ir dançar. Independentemente do que eu ouvi e das outras caras com que tive de lidar durante algum tempo, eles queriam o melhor para mim, eu sei disso. Sempre soube. Acontece que o melhor deles era insuficiente para mim. Eu queria mais que o melhor, eu queria viver o sonho. E o vivi e ainda hoje me emociono com as memórias que guardo.

Esta escolha não me levou apenas a viver alguns dos melhores momentos da minha vida, a conhecer pessoas que ainda hoje amo, a me sustentar economicamente ou a ganhar o título de campeão do mundo, em Los Angeles, enquanto grupo e o nacional enquanto coreógrafo, em Lisboa. Esta escolha me possibilitou crescer em confiança, autoestima e amor-próprio, ganhar a consciência de que eu posso sempre escolher o melhor para mim e que é esse poder que, assim eu o saiba utilizar, fará de mim um homem mais feliz.

2 – EM BUSCA DA AVÓ PERDIDA...

Era uma vez uma senhora baixinha, avançada em idade, muito simpática e que fazia um purê de batata maravilhoso que, num final de tarde, ao se despedir do seu neto, lhe disse:

– Vê lá se vem visitar a avó logo que eu não duro muito tempo. Tenho um segredo para te contar.

O neto estava com a família e ela queria total privacidade para contar só a ele.

– Não seja boba, vó. Claro que vai ficar aqui muito tempo!

Beijou-a e foi embora.

Os dias passaram, as semanas também e o jovem, convicto da sua profecia, nunca mais voltou a Santarém, em Portugal.

Menos de um mês depois, chegou a notícia.

A senhora se chamava Celeste, faleceu, e era minha avó.

Ainda hoje não sei que segredo de família era aquele que ela tanto insistia em me contar e, provavelmente, nunca o saberei, mas, também, isso está longe de ser o mais importante. Fundamental teria sido lhe dar a oportunidade de viver esse seu último desejo. Talvez tivesse partido mais aliviada ao deixar tamanha herança comigo. Talvez sentisse o cumprir da sua missão. Talvez aceitasse melhor a morte. Não sei. Talvez ainda ouça os últimos ecos da minha culpa.

Essa experiência foi dilacerante. Durante anos, carreguei uma verdadeira cruz nas costas. A culpa é uma emoção pesada. Depois a carga foi aliviando com o ganho de consciência e só nos momentos em que me encontrava mais vulnerável aparecia a voz dele, do ego, lembrando-me, num tom calmo e cínico, do que eu não havia feito e do que essa escolha havia projetado para a reta final da vida da minha avó. Hoje estou em paz e, certamente, ela também.

Dois exemplos de escolhas, dois resultados completamente distintos.

Quem foi o único responsável pelo sucesso da minha primeira escolha e pelo sofrimento da minha segunda escolha? Eu, apenas eu. Assim sou eu, assim é você. Lucramos e pagamos pelas nossas opções.

— Qual foi a sua última escolha com um final feliz?

Resposta:____

— Qual foi a sua última escolha com um final catastrófico?

Resposta:____

— Onde a boa escolha levou você e como a má escolha o deixou?

Resposta:____

DIFERENTES SIGNIFICADOS GERAM DIFERENTES VIDAS

O que é o significado? É o sentido que damos à nossa escolha que, por sua vez, é a resposta à oportunidade que tivemos. O significado consegue transformar a desgraça numa lição de vida, a chuva em inspiração, uma pessoa em amor, uma escolha de resultado negativo em aceitação e o perdão em arte. Da mesma forma, e após a ocorrência, o significado consegue alterar o seu padrão de comportamento perante tudo o que lhe aconteceu e que não fez parte daquilo que podia controlar. O significado advém da forma como você vê o mundo, as pessoas e a si próprio. É claro que se não tiver estima por si mesmo, se não confiar nos outros e se for indiferente ao ambiente no qual se insere, dificilmente poderá dar um bom significado seja a quem for, mas, também, acredito que se chegou até aqui é porque este exemplo nada tem a ver com você.

Falemos, então, de exemplos reais. Vou usar o teste americano.

— Quando vê nos noticiários que um acidente vitimou não sei quantas pessoas por não usarem o cinto de segurança, em excesso de velocidade ou embriagados, que significado você dá a essa ocorrência?

A) Tem pena das pessoas.

B) Julga o seu comportamento, mesmo que mortas.

C) Recorda-se da importância de conduzir em perfeitas condições.

— E se for um *tsunami* arrastando milhares de vidas?

A) Chora.

B) Valoriza a sua vida.

C) Culpa a Natureza.

— Quando chove, o que lhe acontece?

A) Fica deprimido.

B) Aproveita para descansar, ler ou criar.

C) Sente-se injustiçado por ser sempre no fim de semana.

— Quando conhece alguém do sexo oposto, qual é o seu comportamento habitual?

A) Vai na defesa.

B) Entrega-se.

C) Desconfia a princípio.

— Depois de uma escolha sua ter causado sofrimento a outra pessoa, como você se sente?

A) Bem, ela merecia.

B) Mal, fui um estúpido.

C) Na ocasião, fiz o melhor que sabia.

— O que é o perdão para você?
A) Algo impossível.
B) É possível, mas não esqueço.
C) É fundamental para seguir em frente.

Nenhum significado é errado.

Apenas o leva a lugares diferentes. Aqui, em apenas seis perguntas, você já consegue ter uma ideia do significado que tem dado àquilo que vê acontecer e àquilo que escolhe viver. Analise-se. Veja o que tem ganhado e o que tem perdido com os diferentes significados que dá às coisas. Além disso, olha para as suas respostas e imagine como seria sua vida se tivesse escolhido outro caminho. Se a mudança fizer sentido para você, ainda dá tempo de ganhar muita coisa.

Agora eu, e pegando no exemplo que dei acerca da minha avó Celeste. À medida que fui ganhando conhecimento, percebi como era importante conseguir me perdoar perante aquele desfecho, deixar de assumir uma culpa que, verdadeiramente, não era minha e aceitar que, mesmo parecendo egoísta e insensível, na época eu tinha dado e feito o melhor que sabia. Levou tempo, confesso, anos a fio, e só ficou, definitivamente, resolvido quando escrevi o meu último romance. *A Dança da Vida* foi a forma que encontrei para me redimir e fazer as pazes comigo, para que ela, esteja onde estiver, saiba que, agora, já aprendi a lição e que sei que nada se aprende na culpa ou no medo. São emoções que geram pouca ação. O livro de que falo é um hino ao "Agora", um despertador para os mais sonolentos, um presente para que ela possa, definitivamente, partir em paz.

Em suma, acabei dando àquele acontecimento e à minha meninice da época o significado que me permitiu transformar todas as lágrimas, toda a dor, toda a raiva e toda a culpa, em perdão e o perdão em arte, num instrumento eterno que, a qualquer momento, alguém pode pegar de você, identificar-se, e agir diferente, melhor do que eu.

DO QUE ESTÁ À ESPERA PARA VIVER O SEU SONHO?

Quando Antônio Gedeão disse "o sonho comanda a vida", não podia andar mais próximo da verdade. Essa simples frase é uma herança maravilhosa e, seguida à risca, é um passaporte para a felicidade. Acontece que a grande maioria das pessoas não a entende, pensa entender ou não acredita ser possível sonhar.

O que é o sonho? Um carro? Uma viagem? Aquela pessoa? Aquela casa?

Nada disso. Quanto muito, esses quatro exemplos são objetivos. E não há nada de mal em ter objetivos materiais ou querer determinada pessoa ao nosso lado, acho até muito bom, mas isso não é um sonho. Percebi o que estou dizendo quando, há cerca de três anos, comecei a procurar o carro dos meus sonhos pelos *stands* e pela Internet. Andava louco. Só pensava naquilo. Imaginei-me dirigindo ele tantas vezes e o desejei tanto que consegui encontrá-lo. Era lindo, vermelho e preto, um motor potente e 25 anos de idade que faziam dele um automóvel de coleção. Apaixonei-me, levei-o comigo. Na primeira semana, senti-me completamente conectado a ele, éramos uma extensão um do outro; na segunda semana comecei a cair na realidade e a perceber de que afinal era só um carro e, na terceira semana, apesar de apaixonante, já não mexia comigo da mesma maneira. Atenção, eu tenho uma paixão admirável por automóveis e esse exemplar era daquele que, em todos os detalhes, ao vê-lo passar na rua, me deixava de queixo caído. Penso até que cheguei a babar uma vez ou outra. Portanto, não falo de uma coisa qualquer. Acontece que as coisas materiais têm o seu tempo de validade, e por quê? Porque são ilusões. Porque lhes damos significados que não são reais. Um carro, uma viagem, uma pessoa ou uma casa não tem qualquer influência sobre a sua felicidade. Podem, no entanto, trazer a você sorrisos, muitos sorrisos, bons momentos e orgulho, mas nunca, nunca a felicidade. E atenção, se correr o risco de pensar o contrário e agir de forma diferente daquela que estou dizendo, e certamente já o fez, a dor é iminente, aliás, está por um fio porque no dia em que baterem em seu carro, assaltarem ou você ficar sem ele, a viagem não for boa, uma pessoa o trair ou for embora e a casa começar com infiltrações, você irá cair em desgraça.

O sonho está intimamente ligado a seus valores. Àquilo que você realmente é e do qual, verdadeiramente, depende para ser feliz. Você não é ilusão, é a realidade e você não se esgota no tempo nem fica à mercê de azares. Você deve ser o seu sonho e com ele deve comandar sua vida.

Este livro, por exemplo, é um sonho. Um sonho meu. Aqui estão implícitos todos os meus valores e nele está patente o meu sentido de missão.

Aqui posso compartilhar as minhas ideias e, com isso, aproximar-me das pessoas, percebê-las e, se me permitirem, conduzi-las em busca de si mesmas. É o que eu quero fazer a minha vida inteira. O sonho é, assim, a verdadeira extensão de si próprio, o laço que liga você à terra, passa por você e o enlaça ao infinito. Quando souber quem é, saberá o que quer fazer. O sonho vem imediatamente a seguir.

Outro aspeto fundamental do sonho diz respeito à sua materialização. Como eu cheguei de uma ideia e de uma vontade ao livro encadernado?

Muitas pessoas confundem sonhar com pensar alto. Pois bem, lamento desiludi-las, mas estão redondamente enganadas. O sonho e o pensamento são coisas completamente distintas. Quantas pessoas conhece que dizem sonhar em ser felizes, ter uma vida mais saudável, perder peso, deixar de fumar, correr uma maratona, passar o Natal com a família reunida, voltar a falar com o irmão ou a amiga, fazer alguma coisa que gostem ou escrever um livro e não se levantam do sofá, só se lamentam e não fazem nada? Pois bem, isso não é sonhar; é, no limite, pensar que gostariam de ser e fazer coisas diferentes.

O sonho pressupõe, sempre, ação! O pensamento não. Foi a ação que me levou da ideia inicial do livro à sua forma final.

Sonhar é somente para os audazes, para os corajosos. Qualquer pessoa que queira aceder a essa dimensão precisa merecer e o mérito se conquista, única e simplesmente, com as ações praticadas.

Ainda assim, é como acredito que a maioria das pessoas acaba não sonhando, simplesmente, por não saberem como fazê-lo e não por preguiça ou indiferença. Deixo aqui umas dicas: não queira ser o sonho de alguém, estará enganando a si e à outra pessoa; não pense que é impossível, não é; nem que é ridículo, muito menos; o sonho é, como tudo o que já disse a você, uma experiência pessoal e o seu é tão valioso e especial quanto o de todos os outros.

Agora, como você sabe que tem um sonho? Esteja atento à dicotomia Dever/Desejar.

Sempre que deve fazer algo, está sendo influenciado por padrões sociais ou, possivelmente, pela educação que teve. Por outro lado, sempre que deseja fazer algo e faz, entra em concordância com a sua verdade e, independentemente, de poder ser apenas sua, é essa mesma verdade que o levará ao sonho, logo à felicidade. Ou seja, se no primeiro exemplo, você faz coisas que as regras lhe mandam fazer, quando deseja, só faz aquilo que tem vontade de fazer. O que escolhe, telefonar para sua mãe porque ela é sua mãe e, então, tem de ligar a ela todos os dias ou fazê-lo apenas quando tem vontade? Já reparou que quando o faz por desejo, a conversa flui de outra maneira? E que uma coisa liga você à obrigação, a outra à liberdade. O seu sonho se encontrará sempre no que deseja e, quanto mais respeitar e dedicar tempo ao que deseja em detrimento do que deve, mais lucidez sobrará a você para conseguir ver além lá do obvio. O sonho fica sempre além daquilo que os seus olhos alcançam e é por isso que apenas os corajosos decidem vivê-lo, enfrentando o desconhecido, mas certos de onde querem chegar.

Nenhum sonho vive eternamente no mesmo lugar. E, por isso, preciso sair do nosso conforto, das asas dos que nos amam e ir…

— Considera-se uma pessoa sonhadora?
Resposta:____

— Se sim, que sonhos já realizou?
Resposta:____

— Já viveu alguma das coisas que escreveu no Exercício 1?
Resposta:____

A soma dessas quatro palavras (Oportunidades, Escolhas, Significado, Sonho), aliada a uma vida física e emocionalmente saudável, dá origem a uma pirâmide que considero fundamental em nosso dia a dia. Por todas as palavras estarem interligadas, deve-se ler de baixo para cima, sendo que a base é a saúde e o vértice superior, o sonho. A sua interpretação é muito simples: com Saúde, a sua vida é um mar de Oportunidades e todas, sem exceção, são válidas; você escolhe vivê-las ou não; uma vez vividas, só assim poderá dar continuidade à corrente, dar a ela o Significado que entender; bons significados o levam mais facilmente ao Sonho, ou seja, o sonho começa sempre sendo uma mera oportunidade.

Está acordado? Você tem muito mais a ganhar se sonhar de olhos abertos.

SUMÁRIO

— Sempre que você se leva muito a sério numa coisa ou perante alguém, está evidenciando que, pelo menos num outro campo da sua vida ou na relação consigo mesmo, não se sente nada nem ninguém.
— Sempre que você levar a sua vida muito a sério, encontrará eternos motivos para a autodestruição.
— Sempre que vive uma vida que não é a tuas, problemas que não são os seus, uma dor que verdadeiramente não sente e as alegrias que não conquistou, você alimenta uma dependência perigosa e cria falsas expectativas. Mais que isso, quando essa pessoa escolher ser feliz com outras, noutro lugar, ou perder a identificação com você, você terá de se procurar visceralmente, pois apesar de ter estado sempre dentro de você, nunca escolheu ser a pessoa que é.
— Alimentação saudável + exercício + ausência de vícios + tríade vital (amor, perdão, aceitação) = saúde.
— O efeito de produtos químicos ou produtos naturais tem um prazo de validade, a sua consciência pode ser eterna.
— As oportunidades, as escolhas e os significados determinam a direção de uma vida, o caminho para o sonho.

5

A felicidade é um risco? Pronto para arriscar?

VOCÊ É FELIZ?

Sou um homem feliz. Nem sempre fui. Aliás, passei muito tempo sem o ser. Tempo suficiente parar chegar ao fundo do poço. Desconhecia a possibilidade, não desconfiava, sequer, que poderia haver algo de bom além daquilo que tinha em casa com a família, na escola com os colegas e na igreja que costumava frequentar. Acabei modelando o comportamento dos meus educadores e copiando os seus padrões. Na época, pensava estar agindo de acordo comigo; porém, percebi, mais tarde, como a minha escolha me havia limitado e traído.

A inconsciência é uma armadilha sádica e letal. Atua lentamente e, não raras vezes, auspicia um final trágico. Ainda fui a tempo.

Apesar de jovem, despertei da manipulação e da consequente letargia, e perante a família mais chegada, impus a minha presença e os meus valores, ainda que frescos, e a ditadura, a cobrança e a atribuição de culpa acabaram. Na escola, passei a escolher as minhas amizades e parei com a gozação e a intimidação que diariamente existiam à minha volta; e na igreja... bem, na igreja, nunca mais pus os pés. A hipocrisia é algo que, para mim, não combina com fé e não acredito que a melhor forma de chegar a Deus passe pela vitimização nem pela clemência, num lugar cheio de cruzes e dor.

Fique atento. Há sempre algo além daquilo que você vê e ouve. Comece a imaginar.

O conhecimento e a vontade de descobrir, a chamada voz do coração, implicam – e implicarão sempre – um fator de risco, ainda assim, não há nada como esse resgate. Nada se compara à negociação das suas emoções com a sua razão, a experiência pessoal e a aprendizagem que daí advém.

Recorde de algo que tenha acabado de fazer, embora tenha resistido, seja porque motivo for, até a sua última sobra de força. Qual foi a sensação durante a ação? E depois, o que aprendeu? Saberia, verdadeiramente, o sabor dessa experiência, tenha ela se revelado boa ou não, se tivesse se limitado a seguir os conselhos ou as opiniões de terceiros? Irá repeti-la ou não? Como vê, as suas respostas indicam a você que não há forma de se saber coisa alguma se nunca tivermos a ousadia de experimentar. O ser feliz é isso mesmo, uma aventura pessoal, na qual para se atingir a felicidade é preciso arriscar muitas vezes e, de vez em quando, perceber, também, o que nos entristece para não cometer a burrada. Não existem pílulas da felicidade e não há nada que valha a você se escolher ser como os outros.

Quando abandonei minha zona de conforto, fui sozinho. As pessoas do mundo que eu conhecia estavam todas zangadas comigo e ninguém me deu a mão. Inicialmente, andei desconsolado, depois, entendi. A jornada do autoconhecimento devia ser isso mesmo, uma caminhada solitária e visceral e talvez, por isso, tão poucos a tentassem. Eu a fiz no mesmo lugar, não precisei ir à Índia, ao Tibet ou às Maldivas e, debaixo de fogo constante, mantive-me focado em meu objetivo, ser feliz.

No princípio, não conseguia ter uma definição concreta sobre o que era a felicidade, ainda assim, não tinha a menor dúvida de quando a sentia, e a soma dessas experiências felizes acabariam se revelando o prelúdio da aprendizagem que estava para vir.

— Quando foi a última vez em que você se sentiu feliz?
Resposta:____
— O que aconteceu?
Resposta:____

Pretendo, nesta fase do livro e depois de já ter compartilhado com você algumas ideias e noções básicas acerca da minha vida, mostrar os inúmeros caminhos que, até hoje, têm me levado à felicidade e vou fazê-lo, como deve ter reparado, baseando-me em minha própria experiência. Tenho a certeza de que, ao se identificar com alguns dos meus episódios, perceberá, enfim, que história é esta de ser ou não feliz.

— Você se considera uma pessoa feliz?
Resposta:____

Em 2002, alguns anos depois das tomadas de decisão que acima compartilhei com você, cheguei ao fundo do poço. Não queria acreditar que tudo aquilo em que passara a acreditar e pelo qual lutara, até a exaustão, estava se desmoronando perante o meu olhar abatido e derrotado. Encontrava-me numa fase bastante difícil da minha vida a nível pessoal, familiar, profissional e econômico e, perdido, sem nenhuma convicção que me alavancasse o fulgor e a crença, experimentei o rugir insaciável daqueles que me haviam avisado, através da sua própria experiência, das péssimas escolhas que eu havia tomado. Confesso que o caminho se tornou penoso e quase desisti. Pelos dias a fio, e relegado à amargura por sentir que não merecia tal coisa, escolhi manter a minha posição e não fazer das soluções dos outros uma verdade para mim, o que acabou me distanciando, ainda mais, do afeto e da compreensão que tanto precisava. Os anos que havia dedicado à minha autodescoberta acabaram me proporcionando inúmeros momentos de alegria, ainda assim, momentos apenas, insuficientes para derrotar a agonia dos meses que iam passando sem que nada acontecesse ou quisesse mudar para melhor. A ressaca só me deu tréguas quando, num rasgo de lucidez, percebi o que havia me levado àquela condição. A frustração. Sentia-me um guerreiro desidratado, faminto e desconfiado, em busca de uma quimera que julgava perdida em minhas entranhas. As dúvidas começaram a me entupir o cérebro: Será que a felicidade existe mesmo? Quem eu conheço feliz? De onde eu tirei essa ideia? À minha volta, o ambiente não ajudava. Por todo o lado, uma insatisfação generalizada, uma tristeza entranhada na vida das pessoas, um caminhar pesado de olhos colados ao chão. As pessoas não sorriam umas para as outras, não se tocavam, mal se cumprimentavam. Estaria eu ficando maluco? E que, apesar do desgaste da solidão, sentia-me diferente, deslocado, e não propriamente derrotado? Estava me afundando na lama, sim, mas tinha os dois braços bem esticados, sempre à espera de poder tocar em algo a que me pudesse agarrar e me puxar para cima. Eu queria sorrir, queria abraçar, queria compartilhar, apenas não encontrava forças para fazer isso sozinho. No meio de tanta incerteza, algo em mim dizia que a soma e a repetição das boas experiências, aquelas que haviam trazido alegria à minha vida, poderia me levar à tão almejada felicidade e foi essa voz, que hoje entendo de onde vinha, que fez com que a minha esperança nunca fosse engolida pelo desespero dos outros.

Frustrado, mas ainda crente do meu objetivo, tive, então, de redefinir a minha estratégia.

Eu precisava de companhia, de alguém sobre que, aí sim, pudesse modelar e seguir os seus passos. Mas como fazê-lo se o meu mundo não contemplava essa gente? Algo teria de nascer, de ser criado da raiz e foi numa manhã diferente das outras, quando anotei num papel a inspiração que tantas vezes ignorara nos últimos tempos, que decidi me aventurar na escrita, um dom que há tempos vinha me acarinhando ao longo de toda a vida. Assim, criei uma personagem que espelhasse o meu momento na época, mas que fosse capaz de triunfar da dor, coisa que eu, na vida real, não me sentia habilitado a fazer. "Tomás" acabou sendo a minha verdadeira inspiração, o meu modelo, e apesar de ter sido eu a lhe dar vida, na verdade, foi ele que a deu a mim, pois pude escrevê-lo sem limites e capaz de viver todos os seus sonhos. Se ele conseguiu ser feliz, por que razão não haveria eu de conseguir? O que me limitava não eram as ideias, era a ausência de ações. Foi assim que nasceu o meu primeiro romance, *Carta Branca*, e que eu renasci, pois havia recuperado o meu "Eu". A experiência começou sendo uma viagem dolorosa, cheia de espinhos, sobressaltos e mais conflitos, mas acabou se tornando a maior expedição que alguma vez fiz ao meu interior. Entendi, então, a razão de ser de todo o caminho que havia percorrido anteriormente e tudo o que havia ganhado por nunca desistir. Eu precisava perceber que a solidão, bem dosada, é uma coisa extraordinária, pois é no silêncio que você ouve as suas respostas, e uma vez com você, nunca mais estará só.

Uma coisa você tem que por na cabeça: você merece ser feliz.

Recordo-me de chegar ao fim do livro e, numa segunda leitura, perceber a história que havia escrito, o que tinha acabado de descobrir. O segredo mais valioso do mundo:

Eu só dependo de mim para ser feliz.

Desde então a minha vida mudou. Eu estava, definitivamente, diferente e isso se notava na cabeça erguida, no olhar em frente, nas costas direitas e na voz colocada. Isso se notava, sobretudo, nas soluções que eu estava descobrindo por ter deixado de perder tempo pensando nos meus problemas, no meu triste fado, na (in)justiça divina e na inconsequência da minha frustração. Eu mudei o curso da minha vida. E o mudei através de um simples jogo de palavras que, lembro-me tão bem, descobri numa madrugada passada, aos círculos, à volta de uma pequena mesa que separava o meu sofá do televisor, por entre a luz das velas e debaixo de uma tremenda harmonia de sons.

A felicidade se encontrava escondida em dez lições de vida:

PRIMEIRA LIÇÃO: ***FORÇA***

A Força é a chave que abre as portas da felicidade, pois sem ela nenhuma das outras nove portas é aberta. Se desejamos ser felizes, temos de apelar à nossa força interior e mental para mudar o que está ruim em nós. A Força nos distingue da norma, pois nos obriga a lutar pela diferença de tentarmos ser felizes, dá-nos a capacidade de optar consecutivamente por um "sim" ou um "não". A Força nos abre fronteiras, cria passagens por mundos desconhecidos e nos torna corajosos. A Força destrói os medos e combate a indiferença e a frustração. A Força é um desvio de direção quando nos aproximamos do abismo, é um acordar repentino quando apenas temos um precipício pela frente. A Força é compreender um aviso, um sinal. É derrotar definitivamente os dias tristes.

Sou feliz porque tenho Força para mudar o que não está bem.

*SEGUNDA LIÇÃO: **E**SPERANÇA*

Só tem acesso a esta lição, como a todas as outras, quem por si próprio desvenda o "F" de força. Só a esses é concedido o mérito de desvendar a possibilidade de ter esperança em suas vidas. A Esperança adoça o amanhecer, pois sabemos que, mais cedo ou mais tarde, o nosso desejo será cumprido e enternece o adormecer, pois atingimos a nossa vontade. A Esperança nos dá o que queremos, basta pensar com otimismo: "Eu sei que consigo", "Eu sei que vou ter", "Eu sei que vou te encontrar", são frases que nunca devemos nos inibir de desejar. A Esperança é a capacidade que temos de mudar o Mundo, o nosso mundo e o dos que nos rodeiam. A Esperança traz o otimismo, o positivismo, a alegria, o sorriso e a certeza de sonhos realizados. A Esperança ajuda a resolver os nossos problemas, eliminando a solidão, a raiva, o ressentimento, o desespero e a ansiedade. A Esperança contorna um futuro melhor, pleno de felicidade porque simplesmente vivemos o dia a dia sabendo que somos e seremos ainda mais felizes.

Sou feliz porque tenho Esperança no futuro.

*TERCEIRA LIÇÃO: **L**EALDADE*

A Lealdade caminha de mãos dadas com a sinceridade. Apela ao voto de consciência tranquila perante nós próprios e perante os outros. Os outros nada são para nos julgar quando somos leais. A Lealdade representa a verdade acima de tudo. Somos responsáveis pelos nossos atos, assumimos o nosso passado, orgulhamo-nos do presente e viveremos um futuro melhor porque somos leais. A Lealdade representa a tranquilidade em nossas vidas, porque somos verdadeiros. A Lealdade nasce com todos, apenas nos compete conservá-la e deixar de pensar que uma mentira facilita a vida. Talvez naquele momento o faça, mas caminha conosco para o resto das nossas vidas. A Lealdade promove a amizade, porque os amigos não são aqueles que agradam sempre, mas sim aqueles que são leais, compartilhando a sua opinião mesmo que contrária nos momentos de maior angústia, dor ou tristeza. A lealdade elimina constrangimentos interiores e funciona como a almofada indicada para um ótimo sono.

Sou feliz porque sou um homem leal.

QUARTA LIÇÃO: ***INTENCÃO***

A Intenção advém da inteligência e do instinto, juntas representam o triângulo dos "is". A Intenção é resultado do pensamento (inteligência) e do impulso (instinto), e a ação proveniente da razão e do coração. A falta de Intenção se traduz num mapa sem traços, num amanhecer frustrante e num anoitecer desejando que seja o último. A Intenção justifica uma vivencia feliz porque não nos deixa caminhar na indiferença e na rotina. A Intenção é o que nos faz agir, estabelecer objetivos e cortar metas. A Intenção é simplesmente o que desejamos para nós hoje, amanhã e sempre.

Sou feliz porque sou um homem pleno de intenções.

QUINTA LIÇÃO: ***COMPREENSÃO***

A Compreensão nos ajuda a aceitar as contingências da vida. A Compreensão promove o perdão e o respeito pelos outros. Se queremos ser felizes, devemos apelar à nossa capacidade de perdoar porque, ao não fazê-lo, não incomodamos minimamente a outra pessoa e é em nós que moram as grandes feridas. Se queremos ser felizes, devemos respeitar os outros, a forma como agem e entendem a vida, pois isso facilita os relacionamentos sociais. A Compreensão nos ajuda a entender a chuva e o sol, o frio e o calor, as vitórias e as derrotas, os problemas e as alegrias. A Compreensão não impõe, apenas mostra ao mundo a sua forma de pensar. A Compreensão não é dona da razão, assume os erros, é flexível e elogia o mérito dos outros. A Compreensão justifica de uma forma saudável todos os problemas que cruzam a nossa vida, dando-nos uma motivação ainda maior para seguir caminho. Ajuda-nos a olhar para um problema e a ver nele uma saída positiva para uma vida melhor, agradecendo pela sua existência.

Sou feliz porque compreendo os outros, a Natureza e a vida.

SEXTA LIÇÃO: ***IMPERFEIÇÃO***

A noção de Imperfeição elimina, a princípio, um dos maiores problemas da sociedade humana: o perfeccionismo. Errar é humano e a perfeição simplesmente não existe. A noção de Imperfeição nos permite saber que teremos dificuldades e problemas na vida. Não adianta nos julgarmos ou massacrarmos por isso, pois é natural, ninguém é perfeito. A noção de Imperfeição não nos obriga a exigir mais do que o nosso melhor e o dos outros. Somos assim mais generosos, pacientes e pessoas melhores. O perfeccionismo nos arrasta para o precipício, lutando uma vida inteira por uma causa impossível de alcançar. Pior ainda, quando atingimos um objetivo, nem tempo nos damos para vivê-lo, pois uma vez atingido já nada significa. Queremos mais e mais, desgastando-nos numa luta infinita e invencível. O perfeccionismo apenas traz frustração às nossas vidas, pois gera uma insegurança e insatisfação constante.

Sou feliz porque admito e reconheço a minha Imperfeição enquanto homem.

*SÉTIMA LIÇÃO: **D**AR*

Dar é receber. Dar é receber um sorriso, um agradecimento mesmo que não se ouça. Dar é partilhar com os outros e com o mundo algo que é nosso, mas que também é deles, pois, a única coisa verdadeiramente nossa somos nós próprios. Dar é oferecer algo a alguém sem esperar nada em troca. Dar é ajudar o próximo, é esticar os braços, abrir as mãos e encher o peito de alegria. Dar é oferecer um cobertor a quem tem frio, um pedaço de pão a quem tem fome, um abraço a alguém carente, um sorriso a alguém triste. Dar é um pequeno gesto que pode equalizar o mundo e os direitos de cada um.

Sou feliz porque dou o que tenho e o que posso.

*OITAVA LIÇÃO: **A**MOR*

O Amor significa autoestima e estima pelos outros. Representa o que de mais valioso tem a vida. A autoestima significa amor-próprio e nunca, em tempo algum, egocentrismo. A autoestima tem o poder de concretizar todos os nossos desejos, transforma-nos em seres dotados de uma alta confiança e segurança. Auxilia-nos a ultrapassar dificuldades e a transpor barreiras. A autoestima elimina falsas modéstias, é uma escada com vista para o mundo. Quando deixarmos esta vida e partirmos para outra, não levamos conosco carros, casas ou heranças. Em nosso coração apenas vai o Amor por nós e aquele compartilhado com os outros. Sem Amor o vento não dança nos nossos cabelos, a mais pura semente não germina e o mundo não visita o nosso olhar. Com Amor somos céu e somos mar, somos chuva e somos sol, somos o mundo e o mundo é nosso. Com Amor somos um beijo compartilhado, um suspiro inconsciente, somos a vida de uma só vez. Sem amor somos doentes de uma doença sem cura, somos hóspedes do Inferno, somos ninguém. Com Amor somos uma letra, um ritmo, uma canção. O Amor não é um sentimento de posse, não é ciúme. O Amor é liberdade. O Amor é uma entrega total, sem complexos ou medos. O Amor é estar fazendo isto, aqui, agora. Não pressupõe nada obrigatório, porque amar é viver.

Sou feliz porque me amo, amo os outros e a Natureza.

NONA LIÇÃO: ***DEUS***

Deus é amor, paz e espírito. Deus não se encontra no céu, na linha do horizonte ou numa montanha alta. Ele se encontra dentro de nós, no nosso coração e isso nos permite senti-lo e estar com Ele onde e quando quisermos. Deus está nas pequenas e nas grandes coisas, abençoa os persistentes e se entristece com os desistentes.

Deus é o ar que respiramos, a energia que nos aquece as casas, a Natureza que contemplamos. Deus é tudo de bom. Deus é uma oração, um auxílio, um amigo, um confidente. Deus é uma luz, um problema resolvido. Deus é tudo isso e muito mais, basta ter fé.

Sou feliz porque tenho Deus em minha vida.

DÉCIMA LIÇÃO: ***EQUILÍBRIO***

O Equilíbrio é fechar os olhos, estender as mãos com as palmas viradas para o céu e partir para qualquer lugar. O equilíbrio é a capacidade de nos ausentarmos em meio à multidão. O Equilíbrio é a capacidade de viajarmos dentro de nós, na busca do bem-estar. O Equilíbrio representa o recarregar de energias através do pensamento positivo. O Equilíbrio é a mais profunda demonstração de paz interior. O Equilíbrio é um momento que se pretende tornar eterno, pois ele é a junção de todas as lições.

Sou feliz porque atingi o Equilíbrio e através dele aprendi a criar o meu espaço no meu tempo.

(in *Carta Branca*)

Ainda que hoje escrevesse algumas coisas de forma diferente porque as penso, também, de outra maneira, escolhi compartilhar, integralmente, esta aprendizagem porque, como já disse, ela me foi muito útil naquela fase de maior torpor da minha consciência. Se estiver atento e somar todas as letrinhas em **negrito** que dão início a cada uma das dez lições, encontrará a palavra-chave que deve servir de orientação à sua vida. Ainda hoje, e passados quase dez anos, fundamento a base da minha vida nestas palavras, mais, foram elas, e o conjunto de experiências e conhecimento que me proporcionaram, que me fizeram perceber que a felicidade não tem de ser apenas uma coisa momentânea.

E, de fato, não o é.

A felicidade embora se viva no momento, é muito além do momento.

— Com qual dessas lições você se identifica mais?

Resposta:____

— Neste momento, qual delas você está precisando trabalhar mais?

Resposta:____

— Com que outras palavras você se identifica para definir a sua felicidade?

Resposta:____

Outro enorme solavanco em minha aprendizagem se deu quando escolhi ter formação em *coaching*. *Coaching* é uma conversa objetiva, formal ou informal, que visa a desconstrução daquelas estórias que todos inventamos para justificar a nossa ausência de coragem, é o desbloquear das emoções como o medo, a culpa, a raiva e o rancor, a desresponsabilização e a vitimização, e que tem como objetivo redefinir conceitos básicos de felicidade, estabelecer objetivos e definir estratégias que possam gerar uma melhor *performance* e desempenho da pessoa interessada. É uma técnica que visa a alteração do estado debilitado e atual da pessoa para o seu estado desejado, através de um sistema de perguntas e respostas, tal e qual estou fazendo com você. Depois, o *coach*, caso a pessoa deseje, transforma-se num profeta de sonhos. Não há nada que não possa ser feito e não há limites mais fortes que o desejo.

Gosto de sublinhar a expressão "solavanco em minha aprendizagem", que utilizei acima porque, apesar de já me considerar, na época, um homem feliz, o acréscimo de conhecimento que adquiri no curso pôs em causa algumas rotinas que havia adquirido e não havia notado, abalou algumas estruturas que julgava suficientemente fortes para não vacilarem, atalhou-me inúmeros caminhos para o prazer e, com tudo isso, pôs em causa a minha escala de felicidade.

Percebi, pela primeira vez, que, afinal, não existiam limites para se ser feliz, que tudo o que eu havia aprendido e julgava sabido não passava, afinal, de uma gota no oceano da sabedoria, que o ser humano tem, hoje, à sua disposição, todo um arsenal de ferramentas para se tornar melhor e fazer melhor. O acesso à informação, a vontade que os mais conscientes têm de compartilhar o seu conhecimento e a necessidade ardente de, de uma forma ou de outra, conseguirmos ser felizes é um laço que pode e deve mudar o rumo do mundo.

Durante o curso comecei, também, a valorizar outras palavras e a ação que delas podia vir. Palavras simples com um poder incalculável, que, imediatamente, começaram a fazer parte do meu vocabulário, a ponto de não dar conta das vezes que as escrevi e repeti ao longo do livro. Sei que você também as conhece, que também as usa, ainda assim, creio que poucas vezes lhes deu o significado devido.

O QUE É A FELICIDADE?

A felicidade é um estado. E só existem dois estados possíveis, o feliz e o infeliz. Um momento feliz não é a felicidade, é uma alegria. Um momento infeliz não é a infelicidade, é uma tristeza.

Ser feliz não é estar sorrindo 24 horas por dia, a vida inteira. Isso não é possível e até deve machucar os maxilares. Ser feliz é um novo conceito de religião, sem fundamentalismos associados, uma tranquilidade verdadeira, e não aparente, uma certeza de que para todos os desafios há uma solução, que a vida é em si uma grande descoberta e que nada tem obrigatoriamente de passar pelo cabo das tormentas. A felicidade é um estado implícito no ser e nada tem que ver com o que temos ou fazemos. Sim, a felicidade não é ter alguém que nos ame, não é ter um filho ou dois, não é ter mais dinheiro e mais bens materiais ou ter mais sucesso, mais amiga(o)s e mais sexo, não é fazer parte do clube da *Porsche*, da elite que vive num condomínio qualquer de cinco estrelas nem constar no topo da lista das pessoas mais atraentes ou mais ricas do país. Qualquer uma dessas coisas pode nos potenciar uma experiência feliz, mas não é, de todo, a felicidade. A felicidade é o "Ser" e nunca o "Ter" ou o "Fazer" porque quem é feliz porque tem ou faz alguma coisa, rapidamente passa a ser infeliz por deixar de ter ou fazer. Ao contrário, se for feliz, e você é, se o seu padrão de vida passar, por exemplo, por se amar e aceitar, pela expressão de afetos, pelo dar incondicionalmente e pela paixão que coloca em tudo o que faz, você tem muito mais possibilidades de amar e ser amado(a), de dar uma melhor educação a seus filhos, de dar o significado certo ao dinheiro e ao que ele vale, trabalhar no que verdadeiramente gosta, ter mais gente feliz a seu lado e repleto de diversão. A felicidade é, por isso, um estado e nunca um momento, e saber quem você é se trata de respeitar os seus valores. Porque acha que existem pessoas, noutras partes do mundo, com muito menos condições que nós, à beira da fome e sujeitas a mais doenças e mais graves, com muito menos acesso à informação, ao que a evolução da ciência, hoje em dia, nos permite como a Internet e os celulares, e que são mais felizes que você e que a grande maioria das pessoas que conhece? Exatamente porque a felicidade não tem uma estirpe definida. Não é a raça dos que têm muito, nem a raça dos que muito fazem. A felicidade faz parte de um todo no qual todos podem e devem chegar. Do que depende esse sucesso? Da ação, da forma apaixonada como se envolve nas coisas, do seu modelo de mundo, das suas condições de vida, sobretudo as emocionais, da forma como interpreta os acontecimentos, enfim, de mil e uma coisas. Só você saberá o que é necessário para atingi-la. O caminho é pessoal e o que eu penso serve apenas e só de referência. Podemos lá chegar os dois, por vias completamente diferentes.

Conseguiremos evoluir enquanto almas se não formos felizes? Conseguiremos contribuir com os outros e com o planeta sendo infelizes? Claro que não. A felicidade é a sua mais alta graduação, o primeiro dos sonhos que você deve querer atingir, e quando lá chegar, será premiado com uma vista panorâmica sobre si mesmo, da qual poderá, à distância, usufruir mais e melhor de todas as coisas boas que esta experiência nos proporciona. A consciência de quem é facultará a você não só uma melhor interpretação de cada uma das dez lições que anteriormente compartilhei, como, também, desfrutar de mais e melhor saúde, mais oportunidades, melhores escolhas, significados que sirvam aos seus propósitos e a materialização de todos os seus outros sonhos, sendo que o principal você já atingiu. Depois, só precisa entender que, mesmo dentro de um estado de felicidade, os desafios não param e, constantemente, você estará sujeito a novas provas de resistência e perícia.

Abaixo, vou mostrar a forma como entendo o que acabei de descrever:

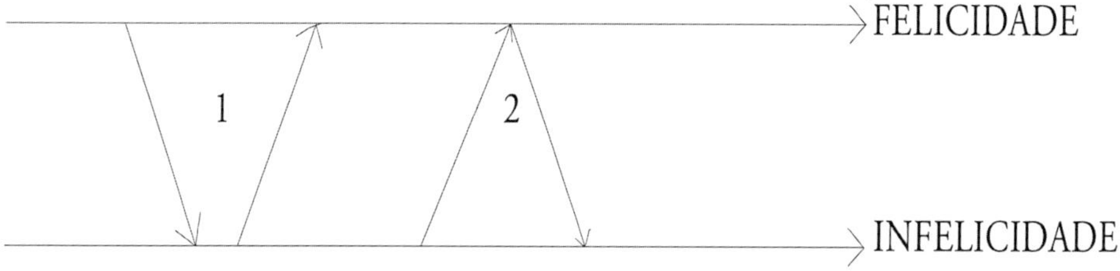

A legenda é muito simples. As linhas contínuas definem os dois estados possíveis e as pontilhadas representam os momentos, alegres e tristes, em que, por um determinado motivo, afasta você do que é e toca no outro extremo.

Dois exemplos:

1) Você é uma pessoa feliz e, num determinado momento, não está conseguindo lidar com uma enorme frustração por algo que lhe aconteceu, que alguém fez a você ou que não conseguiu alcançar. Nesse instante ou nessa fase, é você e apenas você quem determina o tempo que passa longe de si mesmo, ou seja, longe do seu estado feliz e à medida que vai escorregando pelo tracejado, vai, também, perdendo a Força, primeira lição e base de todas as outras, até se estatelar de comprido no estado infeliz. Por estar lá não quer dizer que seja, apenas terá de conviver com as agruras dessa mesma condição, ou seja, passa todo o tempo focado no problema e longe da solução, repete inúmeras vezes em sua cabeça as imagens e as vozes de tudo o que aconteceu e se martiriza continuamente até atingir o ponto de ruptura, aquele em que deixa de reconhecer e se sente perdido. É obvio que este cenário o aliena totalmente de novas e melhores oportunidades e, por consequência, do seu sonho. É obvio que a precipitação para um estado com o qual você não se identifica, pois não

passa de uma mera dimensão da tristeza, o confunde. Mais que isso, a partir de determinado momento, torna-se evidente, e bastante curioso, o fato de esse sentimento de frustração deixar de estar relacionado ao episódio em si, e que acabou desencadeando tudo isso, mas sim ao fato de não estar conseguindo lidar com ele como esperava. E agora? Ou mistura a culpa ao que já estava sentindo e a sua estada será bastante mais prolongada ou a tomada dessa consciência, em que se desafia e o põe em causa, gera a onda de choque que precisa para começar a escalada de volta ao seu lar. É essa revolta do "Eu" que o lembra quem, verdadeiramente, é e o empurra para ação. "Era tão simples", vai desabafar consigo mesmo.

O estado de felicidade é isso mesmo. Um conjunto de ferramentas ao nosso dispor que, reconquistada a consciência, faz de cada um de nós um ser invencível.

2) Você é uma pessoa infeliz e, num determinado momento, tem um jantar de amigos, uma saída para a discoteca, bebe uns copos e até conhece uma pessoa com quem acaba na cama. Este, independentemente do seu verdadeiro estado, é um momento alegre, uma noite aparentemente simbólica porque faz você esquecer o que não tem sido capaz de ser, ter e fazer. Mais que isso, este episódio é algo que vai agraciar, profundamente, o seu ego, aquela voz que o faz acreditar que só é possível ser feliz assim, se repetir este processo todas as noites. Vai querer acreditar nisso, mas é mentira. Ele apenas quer levá-lo à destruição para, depois de estar submisso, se apoderar de você.

Ainda que ambas as viagens estejam em tracejado, no primeiro exemplo tudo é real, ou seja, a frustração é algo com que os felizes terão muitas vezes de lidar, já na segunda situação, tudo não passa de uma profunda ilusão. O momento alegre é esporádico, muitas vezes vivido sob o efeito de vícios e a única certeza que existe é que no momento em que chegar à cama sozinho ou acordar no dia seguinte, todos os fantasmas se revelarão de novo e se alguma coisa não tiver ocorrido bem na noite anterior ou sentir culpa por dito ou feito algo, aparecerão com ainda mais força e mais determinados a reforçar o seu verdadeiro estado.

A infelicidade é isso mesmo. Um conjunto de armadilhas nas quais somos, consecutivamente, apanhados.

Esses dois exemplos são algumas das histórias que vivi na primeira pessoa.

Aliás, eu próprio, como já compartilhei, estive dos dois lados da moeda e sei muito bem da diferença imensurável que existe entre ambos os estados; porém, também estou perfeitamente a par de que a distância de um para o outro é, significativamente, curta. A distância é desejar ser mais e melhor, é o querer e o querer não implica ser capaz de imediato, exige, apenas, que se tente, que se derrube o muro das lamentações e se vença a indiferença, que se procure ajuda e direção nos outros. A escolha final é sempre de cada um, mas as pessoas estão aqui para nos dar a mão. Hoje somos nós, amanhã são eles.

Existem sempre dois caminhos, o da felicidade e o da infelicidade. Qual você escolhe?

— Em que estado você se encontra? Mantém a resposta da pergunta "Considera-se uma pessoa feliz"?

Resposta:____

— Se não, o que o influenciou a alterar o estado?

Resposta:____

— Sente-se mais preparado para ser feliz ou para tornar essa escala que tem numa linha sem fim?

Resposta:____

AS CRENÇAS QUE IMPEDEM VOCÊ DE SER FELIZ

Partindo da convicção, minha e espero que sua também, de que a nossa felicidade depende apenas de cada um de nós, torna-se preponderante analisar algumas das crenças mais limitadoras que ainda dominam a mente do ser humano. Não que estejam erradas, longe de mim julgar esta ou aquela, mas me sinto no direito de desmistificar a corrente limitadora que instiga a ideia de que há algo superior a nós e que, por isso, nos domina e tem o total controle da nossa existência, esteja esse alguém no céu ou na terra. Não é possível ser, verdadeiramente, feliz ou pelo menos numa escala considerável, vivendo, diariamente, com esse compromisso de dependência. Refiro-me, naturalmente, ao significado que grande parte das pessoas atribui a Deus, ao Destino e aos Outros.

DEUS

Em primeiro lugar, e para evitar todo e qualquer tipo de pré-julgamento ou má interpretação, quero esclarecer que acredito em Deus, ainda assim, só O considero como uma força superior porque está em espírito e não dentro de um corpo, como eu e você. Lá em cima, é muito mais fácil ser o Todo-Poderoso. Enfim, mas já vamos lá.

Senti a necessidade de esclarecer sobre a minha crença porque já me apelidaram de "polêmico" quando abordo esta questão e a verdade é que não pretendo alastrar essa ideia. Sim, sou muito assertivo quando toco nesta temática, mas o sou porque, durante muitos anos, vivi dentro das igrejas, bem perto das pessoas que as frequentavam e, ainda hoje, conheço dezenas e dezenas de indivíduos que não saem do impasse em que se encontravam quando os conheci, e atenção porque já não frequento esses lugares há muitos anos. E qual é a principal razão disso acontecer? Simples, Deus, para eles, está acima de tudo, Ele é o responsável por todas as suas conquistas e todos os seus fracassos.

Não há nada mais falso que isso. O Deus salvador, redentor e justiceiro é uma invenção do homem para nos manter mansos. Porque será que os outros são os padres e os pastores e nós o rebanho de ovelhas? Haverá animal mais pacato? Pouco ativo e menos conflituoso? Acreditar primeiro em Deus é trair a preciosidade que você é e dever-Lhe todos os nossos sucessos e obrigá-Lo a ter de ouvir todas as nossas lamentações é uma ideia demente, evangelizada de uma forma fundamentalista e arcaica que, ainda assim, e aí dou a mão à palmatória, continua a arrastar multidões. Porém, acredito que só o consegue fazer porque a maioria das pessoas ainda não sabe quem é, o que pode ter e fazer por si mesma. É muito mais fácil ir no engodo aonde vão todos do que trilhar o nosso próprio caminho. É muito mais fácil sofrer a vida inteira do que lutar por uma conquista, para ser diferente do padrão, ser feliz. As religiões, que fomentam esta crença e que imortalizam este Deus, são verdadeiros tribunais, nos quais todos os que não obedecerem, escrupulosamente, a palavra e a Sua vontade, serão julgados e lhes será retirado o paraíso. E a sua vontade? E o que faz sentido para você? Não interessa?

O rótulo do pecado é profunda manipulação.

Recentemente, numa apresentação que fiz do meu terceiro romance, *A Dança da Vida*, em Cuba do Alentejo, Portugal, aconteceu algo semelhante e que prova o que escrevi acima. Uma senhora com cerca de setenta e poucos anos, chamada Joana, solteira, veio até mim, após as minhas palavras e, muito nervosa, disse-me que era uma fã incondicional do meu trabalho na televisão e que eu fora, através de um programa em que havia participado anos antes, o principal impulsionador para ela ter começado a ler, já em idade avançada. Depois, à medida que foi ganhando confiança, disse-me que eu, a seus olhos, era tão importante quanto o seu sobrinho e um verdadeiro ídolo. Estava visivelmente emocionada e eu a abracei. Ela desabafou:

– Sabe, foi Deus que me pôs aqui. Eu não sabia que você vinha à minha terra e se eu soubesse que você tinha estado aqui e eu não o tivesse visto, ia ficar numa tristeza que nem lhe consigo explicar.

Afinal, a senhora era casada com Deus, pensei.

– Foi Deus que a trouxe aqui ou foram as suas pernas? – perguntei-lhe.

– Não acredita em Deus? – em seu rosto, alguma decepção.

– Acredito sim, mas não foi Ele que a trouxe aqui à praça. Ou veio no colo Dele? Você devia se sentir feliz e orgulhosa por, por sua própria iniciativa, ter escolhido sair de casa, apanhar ar e ver gente nova. Eu, digamos assim e por tudo o que já me disse, fui uma espécie de prêmio, um reforço para que o faça mais vezes. Está feliz?

– Muito.

– E é uma mulher feliz?

Um silêncio.

– Ufa, se eu lhe contasse a minha vida. Ai, mas foi Deus...

Eu não insisti, até porque a senhora gemia sempre que o dizia e parecia estar num sofrimento profundo.

Todas as pessoas que Dele dependem, que vivem esta corrente de pensamento, nunca saberão se valorizar, nunca poderão se olhar no espelho e dizer "você é especial", "parabéns por ter conseguido", "estou orgulhosa de você". E por quê? Porque o mérito de tudo o que de bom lhes acontece na vida é jogado fora, numa ideia vazia que apenas pretende manter pessoas como a Joana numa profunda ignorância acerca de si mesmas e, por consequência, da felicidade, para que nunca se desviem do caminho da dependência divina e possam constituir uma ameaça real, questionando a autenticidade do que é proclamado.

Felizmente, para todos, e para mim em especial, pois arrisquei compartilhar a minha legítima opinião sobre um tema que ainda é tabu, vivemos num tempo e num continente em que a liberdade já impera, no qual posso escrever isto sem ser queimado numa fogueira ou apedrejado até a morte. O medo de que as pessoas seguissem aquilo em que acreditavam e que pusessem em prática a fé que tinham nelas mesmo era, na época, tão grande que aqueles que prometiam a vida eterna eram os primeiros a acabar com ela. Nós, cada um de nós, temos um poder imensurável e todos os líderes religiosos sabem disso. Estas igrejas, este Deus, têm os anos contados, porventura já não estarei aqui, mas sinto que devo contribuir com a minha parte.

Depois, existe um outro Deus, o Deus dos conscientes.

Aquele sobre o qual não incide qualquer dependência, apenas uma referência à gratidão. Esta é a minha ideia de Deus. Falo com Ele diariamente, a qualquer hora do dia, sem grande reverência nem de joelhos arrastados pelo chão porque não tenho de pagar coisa nenhuma por aquilo que sou ou consegui para mim e para os outros. Entendo-O como uma ponte entre o meu "Eu" e a paz. Temos uma relação unilateral. Não Lhe peço nada, mas agradeço-Lhe tudo: um céu estrelado, um pôr do Sol, uma comida que me faz especialmente bem, um trabalho que consegui, uma pessoa que conheço, as lágrimas que caem, uma lição dolorosa, uma vitória do Futebol Clube do Porto, enfim, tudo. A lista é interminável, mas agradeço-Lhe não por achá-Lo determinante seja no que for, mas porque me faz bem, porque me sinto mais completo ao fazê-lo. Pelo contrário, acredito, profundamente, que sempre que você Lhe pede alguma coisa, está passando a si mesmo um atestado de incompetência. Faz sentido? Pede por quê? Por que tem fé? Por que não sabe como fazer? Por que já tentou e não conseguiu? Por que disseram para você fazer isso? Para ver se tem sorte? Por preguiça? Garanto uma coisa: você pode pedir a vida inteira, se não acreditar em si mesmo, se não procurar saber as coisas, se não tentar incontáveis vezes, não encontrará o que merece nem terá nada a não ser um traseiro quadrado e os joelhos feridos por não ter se levantado do sofá e passado, horas a fio, ajoelhado numa reverência interesseira. Pior, já vi e ouvi pessoas que, imersas numa profunda frustração e revoltadas por nunca tirado nenhum bilhete premiado, não paravam de julgá-Lo. Esse reverso da medalha tenho prazer em assistir. Acho engraçado o fato do Senhor salvador, de um momento para o outro, passar de única solução a alguém responsável por todos os males dessa mesma pessoa. E assim a dependência, quando você não tem a sua parcela, culpa quem não deu a você o que queria.

Ele sabe que eu me considero e considero os outros, também, seres iguais a Ele. Afinal de contas, todos, pelo menos aqueles cuja concepção do mundo se aproxima da minha ou é mais apurada, tentamos dar o nosso melhor, ser pessoas melhores, ajudar alguém, salvar vidas e ajudar este planeta a ser um lugar melhor para viver. Ele sabe que nunca Lhe cobro nada, que nunca O responsabilizo seja pelo que for e que tudo o que escrevo, digo e faço é na tentativa de ser uma alma mais iluminada, divertir-me sem nunca magoar os outros e orgulhá-Lo por me ter concedido esta oportunidade.

A sua relação com Deus deve ser incondicional. Deve dar a Ele motivos que justifiquem a sua existência e nunca, nunca querer nada em troca. O seu bem mais precioso foi ter permitido você nascer.

Felizmente, tenho tido a oportunidade de viajar pelo mundo inteiro e, de fato, só quando estamos nos lugares é que pensamos nisto, mas nós somos tantos ao mesmo tempo, fazendo coisas tão diferentes, experimentando sensações tão distintas e pensando em tudo menos na mesma coisa, em tantos pontos do globo, que se torna absurdo pensar que Deus vai atender suas chamadas. Essa crença não é fé, é desespero. Quando você tem sede, o que faz? Levanta-se e vai buscar água ou pede a Deus para que a água chegue até você? Por mais fé que possua e peça dias e noites a fio, a água nunca chegará à sua boca, quer dizer, a não ser que, por sorte, esteja um temporal desgraçado e, logo em cima da sua cama, apareça uma infiltração. Compreende? Se a água é uma necessidade básica e é você quem tem de lutar por ela, por que incide a sua vida na dependência de um Deus manipulador? Por que vive essa dependência? O que, verdadeiramente, tem ganhado com ela? Aconteceu a você um milagre, foi isso? Lamento informar, mas não foi Deus. Ele é um mero espectador. Somos nós, é você o grande responsável pelos milagres que acontecem em sua vida. Se recuperar de um acidente e voltar a andar quando a medicina dizia a você que era impossível, foi Ele ou foi você que nunca desistiu e sempre acreditou?

Acredite em Deus, sim, se fizer sentido para você, mas não Lhe dê méritos que Ele não tem. Por Ele ter dado a você a oportunidade de viver, não quer dizer que seja o embaixador eterno das suas conquistas e dos lucros pessoais que você já teve e continuará tendo em sua vida. Não há nada você que deva a Ele, a não ser a gratidão se o fizer sentir bem. Ele criou o universo, sim, pelo menos eu acredito nisso, mas você é o criador da sua vida e não há bem mais importante do que esse.

No meu segundo romance, *Os Laços Que Nos Unem*, descrevi aquela que considero ser a forma ideal de entender os verdadeiros desígnios de Deus, o que Ele deseja que entendamos e a nossa relação com Ele, tendo por base o discurso do "Mestre":

> "Dois homens caminhavam numa estrada antiga de terra e com muito pouco movimento. Um deles era conhecido por sua sabedoria e pela forma sublime, mas também estranha, com que entendia a vida. O outro era o seu mais recente aluno e desejava no futuro ser tão sábio quanto ele. O primeiro era o Mestre, velho e simples, e o segundo era o discípulo, novo e pouco audaz. Então, numa tarde e após vários dias de caminhada a pé, depararam-se com um acontecimento pouco comum. As chuvas dos últimos dias tinham atolado um jipe à beira da estrada, com lama até a metade dos quatro pneus e a seu lado estava um homem ajoelhado, com as palmas das mãos unidas para o céu pedindo compaixão a Deus no sentido de Ele o ajudar ou que alguém pudesse aparecer para assisti-lo. Sedento por mostrar ao Mestre que estava apto para por em prática todos os ensinamentos que ele já lhe tinha passado, o discípulo afundou-se na lama, até meio das pernas, pronto para socorrer o homem. No entanto, o Mestre chama-o e de uma forma tranquila diz-lhe: "Não vamos ajudar este homem". O discípulo aprontou-se a responder, incrédulo, ciente que o velho estava insano: "Mas por quê? Não vê que ele fala com Deus e, fervorosamente, Lhe pede auxilio? Com certeza, nós somos as ferramentas divinas colocadas em seu caminho para o auxiliar". "Não vamos ajudar este homem". O Mestre manteve o tom e a mesma expressão facial quando repetiu a resposta, como que indiferente ao pânico do seu

aprendiz. Resignado, por não poder salvar um homem de Deus, o discípulo baixou a cabeça, perdido em pensamentos de arrependimento por caminhar com um velho senil durante os últimos tempos da sua vida. Porém, uns metros à frente, encontram outro jipe atolado na lama, exatamente da mesma forma que o primeiro, mas desta vez ao seu lado estava um homem sujo até ao pescoço tentando cavar a terra debaixo das rodas e empurrando o veículo com toda a força que possuía. Cansado de lutar em vão, ia cuspindo alguns palavrões, indiferente aos ouvidos de Deus e contra a vida que o colocara naquela situação. Atentos, testemunharam o esforço interminável que o homem estava fazendo e, para surpresa do discípulo, o Mestre lhe diz: "Vamos ajudar este homem".

– O quê? Este homem é um pecador. Não respeita a Deus nem a vida e por isso não merece ser ajudado.

– Vamos ajudar este homem.

A solenidade com que o Mestre insistiu, embaralhou ainda mais a sua mente jovem e limitada. Contrariado, o discípulo não se conteve e questionou o Mestre sobre as suas intenções.

– Mestre, como é possível negarmos ajuda a um homem de fé que deposita em Deus todas as suas convicções e agora ajudarmos um homem que blasfema contra a palavra divina?

O Mestre sorriu, feliz por poder concluir a lição:

– É simples. Os milagres não existem a não ser que façamos algo que os desencadeie. Não basta nos ajoelharmos cheios de fé e pedir a Deus para que as coisas aconteçam. É preciso lutar por elas, é preciso nos esforçarmos primeiro para que depois possamos ser reconhecidos por Ele. É preciso tentar empurrar o jipe para fora da lama. – O discípulo estava começando a compreender as razões pelas quais o seu Mestre era reconhecido por toda a aldeia e arredores. Num ápice, apagou os últimos pensamentos que tinha tido a seu respeito e entregou-se, incondicionalmente, às suas últimas palavras: "O vinho apetitoso flui da uva esmagada, mas alguém tem de esmagá-la; o pão nutritivo surge do trigo triturado, mas alguém tem de triturá-lo; a água purificada aparece após vencer o filtro sensível, mas alguém tem de colocar o filtro certo no lugar adequado. Entende agora, meu querido discípulo, a ordem das coisas?" O aluno, deslumbrado com a explicação, beijou a mão do Mestre e agradeceu-lhe: "Sim, entendi. Primeiro tenho de fazer por mim, para depois merecer ter e poder receber o que desejo. Obrigado."

Simples, não é?

— Você tem mais tendência para pedir ou agir?
Resposta:______________________________
— Qual foi o último pedido que você fez a Deus e que se consumou?
Resposta:______________________________
— O que você fez para que esse seu desejo ou objetivo se concretizasse?
Resposta:______________________________
— A quem atribui, então, o mérito da sua conquista? A Ele ou a você?
Resposta:______________________________
— Qual foi a última coisa que Lhe agradeceu? Como se sentiu?
Resposta:______________________________

O DESTINO

Profunda manipulação. Está ligada à anterior, com uma agravante: aqui não há quem o valha, nem a ilusão de um Deus salvador, porque, a partir do momento em que acredita que seu destino está traçado, já perdeu a noção daquilo que pode ter e é capaz de fazer enquanto ser independente. Viver com a consciência de que tem data, hora e local para partir é tão redutor que, obviamente, terá de passar o resto dos seus dias acreditando na sorte e não na sua perseverança, assustado, com medo de que a morte venha buscá-lo e, por isso, desvinculado da paixão, inerte e ansioso, em vez de ativo e determinado. E agora, desculpa lá, sou eu que tenho uma enorme questão para todos aqueles que proclamam a ideia de um destino assinado pelo criador. Se o destino é traçado por Ele no nascimento, então, também a ideia subsequente do paraíso e do inferno já está decidida, é isso? Se assim for, o que andamos fazendo aqui? Ratos numa roda tentando fugir da injeção letal? Ou será que, afinal, faz sentido pensar que o destino existe, sim, mas é uma criação nossa? E que, se o tal destino que se conta às pessoas realmente existisse, não adiantaria fazermos nada, lutar por coisa nenhuma e mais valia passarmos a vida inteira à mercê dos outros e dependendo de ideias que não tivemos de buscar nem entender porque, de fato se assim fosse, no final das contas, na hora marcada, iríamos todos sempre dar no mesmo lugar.

O seu destino é uma criação sua e esta é uma profunda convicção minha. Quantas vezes já ouviu expressões do gênero "estou destinada a não ser feliz", "estou destinado a não encontrar a mulher da minha vida", "estou destinada a não fazer nada do que gosto" ou "estou destinado a não ter nada daquilo que quero"? Essas pessoas estão destinadas, sim, à invalidez emocional e às catacumbas de uma vida dos infernos, mas nada tem a ver com o destino que lhes foi traçado, tem, sim, explicação em seu padrão de pensamento e na carência de acredito que têm nelas mesmas. O que elas estão criando é a total ausência de felicidade e, dessa forma, não poderão ter outro fim senão um destino repleto de sombras, medos e amarguras. Nada, nem Deus nem o destino, é responsável pela autoria do que você escreve, diariamente, em seu muro de lamentações. Essa é uma obra sua, exclusivamente sua, e enquanto não assumir essa responsabilidade e cobrar às instâncias de que falei, tudo o que você não é, não faz e não tem, não verá luz, nem merecerá o paraíso de ter uma vida consciente.

Agora, numa coisa acredito. Enquanto almas e, exclusivamente, seres de luz, estabelecemos um compromisso conosco mesmos, no qual se encontra um propósito para esta vinda à Terra e algo que justifique a viagem que temos pela frente. Contudo, a partir do momento em que encarnamos a matéria densa dos nossos corpos e a experiência em si, acabam apagando a luz da nossa missão e, de repente, de um momento para o outro, nos esquecemos do que viemos fazer aqui. Às escuras, nos resta caminhar tateando e estar atentos, de forma a encontrar as vias certas que nos levem à consumação daquilo a que, noutra dimensão, nos propusemos. Vias essas que só podem ser descobertas se formos seguindo as pegadas de tudo aquilo que nos faz felizes e nos apaixona, e é por isso que se torna tão fundamental estarmos alinhados com a consciência, pois só ela sabe o que é melhor para nós, e com a nossa felicidade, pois é a única forma de sabermos que estamos caminhando pelo trilho certo, rumo ao que havíamos decidido.

A nossa decisão "lá em cima" pode muito bem ser o nosso destino "aqui em baixo", mas não existe nenhuma ampulheta que seja virada ao contrário no momento em que nascemos. Não há um tempo pré-definido para concluirmos e materializarmos a nossa criação, até porque não estamos sozinhos, porque a vida tem acontecimentos que não conseguimos controlar e mais, por não existir nenhuma alma que escolha matar, violar ou roubar, nem se drogar, fumar ou alcoolizar, não quer dizer que não existam homens e mulheres que, desfocados do essencial, se deixem levar, aos tombos, pelas escolhas em cataratas que fazem. Dessa forma, teremos sempre de lidar com pessoas que, por estarem tão longe de si mesmas e algumas até desistido de quem verdadeiramente são, encontram-se mergulhadas num abismo tão profundo e representando papéis tão afastados da sua origem que, por uma razão ou por outra, também podem nos atrasar o processo.

Mas afinal, sempre há destino? Há, de fato, um conjunto de metas e matérias que você escolheu, enquanto alma, atingir e trabalhar enquanto ser humano, mas, se não o fizer, não quer dizer que não esteja criando, da mesma forma, o seu destino. Ele poderá é ser menos interessante.

A você foi entregue, por Deus, um prêmio, uma vida para viver, uma oportunidade única que o permite usufruir das melhores coisas que a Terra tem, mas que, também, oferece a você a hipótese de crescer, aprender, dar e evoluir enquanto alma e ser humano. Sendo assim, você fará escolhas através da experiência e diferentes escolhas o levarão a diferentes lugares com diferentes pessoas. Nada do que possa escolher é errado, mas todas as suas decisões terão bons frutos e consequências pelo caminho. Viverá, então, o que escolheu e, para seu bem, é bom que o tenha feito por si mesmo e por mais ninguém. Aprenderá a assumir a importância do que é bom e do que é ruim para você, mas crescerá com ambas as lições, assim dê ao que acabou de viver o significado correto. O seu destino será sempre o seu sonho e quando chegar lá, pare, beba pausadamente os segundos, as horas, os dias seguintes, e quando estiver saciado, crave bandeira no cume do seu percurso para que sempre se lembre do que viveu, aprendeu, deu e recebeu. Depois, transfira a confiança, a estima e o amor-próprio que ganhou para a sua nova meta, construa outra pirâmide e se encontre, novamente, com o seu destino. Sim, é assim que interpreto a palavra "destino", não como um "fardo", mas como um ponto de chegada. Um ponto de chegada que foi eliminado por você da cabeça quando nasceu, mas que, por mérito, entrega e perseverança, foi capaz de encontrar. Case se identifique com este "destino", estará, sempre, destinado a viver grandes sonhos, a ser feliz e a cumprir, exemplarmente, a sua missão.

Você só pode comandar o seu destino quando for o comandante da sua vida.

— Quem é o criador do seu destino?
Resposta:______________________________
— O que já ganhou com isso?
Resposta:______________________________
— Está destinado(a) a que?
Resposta:______________________________

OS OUTROS

A culpa é sempre dos outros! Quer dizer, depois de Deus não dar, do destino não querer, só faltava os outros não ajudarem. Esta corrente de vida é tão absurda quanto frequente. As pessoas pensam exageradamente umas nas outras e vivem todas as vidas menos as delas, é por isso que o mundo, o país, quem nos rodeia e muitos de nós têm mais problemas do que soluções, é por isso que a cobrança, o rancor, a raiva, a culpa e a dor se tornaram lemas de vida e o amor, o perdão e a aceitação andam pelas ruas da amargura. Quando, de uma vez por todas, você assumirá que se encontra no estado em que está por sua única e exclusiva responsabilidade? Já falamos sobre isso, certo? Não faz mal, existem palavras, expressões e ideias que precisam ser ditas ou lidas muitas vezes até se tornarem uma realidade para nós. Seguindo, se algo aconteceu a você é porque é normal acontecerem coisas. se alguém fez mal a você foi porque você permitiu. Se não foi capaz de atingir um objetivo, foi porque não esteve à altura e, se ainda não saiu do mesmo lugar desde que a sua vida abruptamente mudou, é porque ainda não conseguiu aceitar nem perdoar o seu semelhante. Se é fácil? Não, nunca disse tal coisa. Se é o único caminho para a paz? Obviamente, não conheço outro. Quanto mais você utilizar os outros como moeda de troca para o seu infortúnio e como justificativa para o marasmo que é a sua vida, mais longe andará do Deus dos conscientes e do destino que pode abraçar, sendo o comandante da sua vida. Se investir o tempo que passa culpando os outros na busca de respostas dentro de si, num ápice, será outra pessoa, estará noutro local, rodeado por gente diferente e com perspectivas novas, capazes de potenciar a sua felicidade e influenciar a de todos aqueles que o rodeiam. Durante 24 horas, experimente não julgar ninguém, não culpar ninguém e assumir tudo o que possa acontecer em seu dia como responsabilidade sua. Sim, se baterem em seu carro, você é responsável por manter a calma e aceitar a distração alheia; sim, se faltarem ao respeito com você, é responsável por perceber que aquela pessoa, naquele momento, não consegue fazer melhor; sim, se descobrir uma mentira, é responsável por saber perdoar; sim, se a pessoa com quem acorda levanta de mau humor, foi você quem a escolheu; sim, se está farto do seu casamento ou do trabalho que tem, é você que não faz, verdadeiramente, nada para mudar de realidade. Tudo isso não faz de você uma pessoa passiva ou alguém que se deixa pisar constantemente; pelo contrário, essa forma de estar na vida passa a você um atestado de consciência e inteligência, protege sua saúde espiritual, emocional e física e dá a você tempo para investir naquilo que, realmente, importa: você, os seus desejos, as suas paixões, os seus sonhos, a sua missão e a sua felicidade. A sua vida não são os problemas dos outros, a maldade, a inveja, o ciúme ou a incapacidade dos outros, nem, tampouco, os seus sucessos e a irritação e a injustiça que daí podem vir. A sua vida é o que você é e quer ser, é o que você faz e quer fazer e é o que você tem e quer ter. Recordo-me, ao longo da vida, de inúmeros episódios destes, em que me acovardava em culpar os outros, em que justificava o meu fracasso com o sucesso imerecido dos outros e apontava, com o indicador reto e a voz aguçada, os culpados e os principais responsáveis pelo estado pouco ecológico e até miserável em que muitas vezes me encontrei.

Dois exemplos:

1) AS NAMORADAS

Há alguns anos nesta área, eu tinha como hábito, em determinado ponto das minhas relações amorosas, começar a culpar as mulheres que estavam comigo, as mesmas que antes julgava ter sabido escolher, atribuindo a elas a total responsabilidade por minha ausência de liberdade, pelo desrespeito que eu era obrigado a ter perante esse meu valor e, consecutivamente, por minha infelicidade. Imerso numa profunda inconsciência, criei, consecutivamente, a estória de que, por partilhar a minha vida com essas mulheres, não podia sair com amigos, telefonar para amigas nem sair de férias sozinho. Convém salientar que tal coisa nunca me foi imposta por nenhuma das minhas antigas namoradas. Ora, tal invenção da minha cabeça acabava, naturalmente, me aprisionando dentro de mim mesmo, me enfurecendo de raiva e tornando a relação insustentável, mais insustentável ao ponto de, de um momento para o outro, nada mais fazer sentido, os projetos, poucos, diga-se a verdade, caírem por água abaixo, bater com a porta na cara delas e ficarem apenas as lembranças. Era mais fácil ser o passarinho, ter o passaporte da liberdade na mão e, pleno de novos direitos, poder arrastar de novo a asa para onde quisesse e bem entendesse. Fugir era a melhor forma de me desencontrar do meu medo.

Mas a estória não acaba aqui, se por um lado as culpava por meu aprisionamento, por outro lhes cobrava quando elas, legitimamente, falavam com amigos, combinavam jantares de meninas até tarde ou me avisavam que iam de férias com a fulana e beltrano. Hoje, e analisando bem o meu comportamento, é fácil perceber que a questão não se centrava no que eu sofria por causa delas, mas sim no que eu escondia de mim mesmo. Seria assim tão confiante quanto parecia? Tão seguro quanto ostentava? Claro que não! Mas só percebi a razão pela qual abdicava da minha liberdade na relação mais tarde. Eu afinal, tinha medo de que elas saíssem com outras pessoas e para outros lugares sem mim e a única forma que encontrei de tentar castrar esses seus desejos era se fosse eu dando o exemplo, ou seja, sacrificando a minha própria independência, os meus próprios valores.

Culpar é muito mais fácil que agir.

Sempre que você vive uma estória, mesmo que inconscientemente, e é quase sempre assim, porque tem medo de alguma coisa, porque é muito mais inseguro do que pensa que é ou porque se considera inferior aos outros.

2) O TRABALHO

Encontrei, inúmeras vezes, em minha vertente profissional e, mais especificamente, nos donos de canais de televisão, diretores, produtores e afins, os carrascos perfeitos para o desespero que eram alguns dos meus dias. Assombrado por um profundo sentido de inutilidade, injustiça e desprezo, ia me despedaçando sem dar conta e sacrificando constantemente o meu "Agora" em prol de guerras que eu havia criado, diálogos imaginários e ações que apenas se desenrolavam em minha cabeça. Adoeci. Toda aquela gente era culpada pela minha ausência de trabalho! Pior, davam, no meu entender, oportunidades a gente que não merecia e, aqui, nem me referia ao talento, pois nunca me considerei um ator de excelência, mas, sim, ao feitio das pessoas, aos seus comportamentos narcóticos e egocêntricos e aos jogos que existiam por debaixo da mesa. Foi assim, durante largos meses, algumas vezes em minha vida.

Nada que me perturbe, envergonhe ou diminua.

Todos os grandes homens que conheci, ou sobre os quais tive a oportunidade de ler alguma coisa, tiveram grandes segredos que um dia se tornaram grandes verdades e, por sua vez, grandes lições que passaram a constar nos compêndios da Humanidade. Eu sempre desejei ser um homem desses e, talvez por me destinar a isso mesmo, quando percebi o caminho para o qual as minhas escolham estavam me levando e, finalmente, despertei para o que estava fazendo a mim mesmo, tive de parar, ponderar e, humildemente, apanhar-me do chão. Nessa altura, recordo-me, encontrava-me desfeito, partido em dezenas de cacos e percebi, então, depois de colocar os pedaços, que afinal eu havia sido o pior de todos aqueles a quem eu maldizia e o que, literalmente, menos merecia a tal oportunidade que tanto ansiava. Eu julgara e culpara sem realmente ter feito nada por mim, nada que me aproximasse do meu desejo nem nada que pudesse estancar a correnteza de raiva que corria em minhas veias.

Às vezes, é necessário esmagar a nossa inconsciência contra o fundo do poço para que, de uma vez por todas, possamos acordar do pesadelo real que criamos para nossa vida e seguir aquele sonho que sempre nos iluminou os dias, mas que, de repente, por o termos abarrotado de lixo, deixou de conseguir brilhar e nos mostrar o bom caminho. Sempre que culpamos os outros por aquilo que não conseguimos, nomeadamente, ser felizes, fazer o trabalho que amamos ou ter o que merecemos, afastamo-nos da realidade e longe da consciência, não há nada que nos valha. Acredite no que digo: todas as soluções para os seus problemas nascem de um único pressuposto, o encontro com você mesmo. Assim foi e mal tomei posse de mim, elaborei um plano de ação que me afastasse do vazio do passado e me valorizasse o presente, o único tempo real, fazendo com que, diariamente, me sentisse útil e uma mais-valia para com todos aqueles que cruzavam comigo. Resultado: escrevi dois romances. O segundo e o terceiro.

Sempre que se responsabiliza por si mesmo, por seus feitos e fracassos, supera as suas desculpas e nasce outra vez.

— Quem você está culpando neste momento? Nome e por quê?
Resposta:____
— O que você tem perdido com isso?
Resposta:____
— Nesse caso específico o que você permitiu que lhe acontecesse?
Resposta:____
— O que poderia vir a ganhar se assumisse a responsabilidade de agir neste momento?
Resposta:____

O poder de qualquer uma destas crenças, Deus, o Destino ou os Outros, pode ter o condão de limitar, amplamente, sua vida ou ampliá-la de forma ilimitada, assim, acreditar nelas como uma via da dependência ou um caminho é uma companhia para o seu sonho. Sim, é possível não se esperar nada de nada nem de ninguém! Apenas essa perspectiva pode libertá-lo para a ação e para uma independência de ideias e isso não quer dizer que não acredite, verdadeiramente, em nenhuma delas, quer, acima de tudo, reforçar a concepção, de que você comanda a sua vida, você é responsável pelo que estado em que se encontra e é merecedor de tudo o que de bom acontece a você.

ENCONTROU A SUA MISSÃO? VIVA ELA COM PAIXÃO!

Sabe o que anda fazendo aqui? Sabe qual é o seu papel nesta experiência? Reconhece a importância de ter uma linha orientadora em sua vida? Quer descobri-la?

Nós somos almas vivendo experiências em corpos. Somos viajantes, peregrinos transversais pela existência, uma após a outra. Nada começa aqui nem nada acabará quando fechar os olhos pela última vez. O corpo, de relativa importância é facilmente substituível, será entregue à terra e viverá na memória de quem foi feliz com você, mas nós, a nossa alma continuará a sua jornada pelas diferentes dimensões da consciência.

Acredito, profundamente, que existem dois tipos de missão para vivermos esta experiência, tal e qual como a conhecemos. A primeira, está claro, é a evolução individual: enquanto alma, ou seja, assumirmos-nos como a prioridade da nossa vida, o apuramento dos nossos valores e a consciencialização de quem somos, a descoberta do amor, a sua vivência e a derrota do ego; e a contribuição para com o bem-estar dos outros e do planeta. A combinação das duas é igualmente válida.

Um destes exemplos é, quer queira ou não, quer aceite ou não, o sentido da sua missão.

Poucas pessoas acreditam que estão aqui na Terra para aprender e experienciar o amor por si mesmas e as que sabem disso são chamadas de egoístas. Reconhece a si mesmo nessas palavras? Ainda bem, não desista. Você não está sozinho. Comigo, já somos dois. Mas por que isso acontece? Porque a maioria absoluta é ignorante, inconsciente e vive cheia de medo, tal qual um rebanho que prefere seguir o homem do cajado, um curso aleatório da vida, a ter de tomar as suas próprias decisões. A verdade é que é muito mais fácil olhar para os outros e lidar com as frustrações e desilusões alheias, passando paninhos quentes na cabeça e fazendo fita perante os outros, do que enfrentar as suas próprias mazelas, pois assumir a responsabilidade de quem são e do estado em que se encontram é uma longa e dolorosa viagem que acreditam já não ter fim e então, a ignoram.

Se conhece alguém assim, pode e deve intervir. Essa gente precisa de ajuda. Ainda que não dependa de você a mudança desta ou daquela pessoa, a sua visão e as suas ações podem, aos poucos, ir cutucando sua consciência. Não dê conselhos, não diga o que a pessoa deve ou não fazer. Essa perspectiva de ajudar é totalmente errada. Fale o que pensa e aja em conformidade, só isso. Se assim o fizer, pode, em breve, ser um exemplo a modelar, mas atenção, cuidado com a dependência que pode gerar.

A indiferença à oportunidade de podermos construir um belo e melhor "Eu" e assim darmos continuidade à evolução de quem, verdadeiramente, somos, será sempre proporcional às vezes que nos desiludiremos, pois a lição só deixa de se repetir quando o ser humano a aprende. Essa é uma missão vital, bela e apaixonante.

Outras pessoas, muitas mais que o primeiro exemplo que dei, acreditam que estão aqui para ajudar os outros e salvar a Terra. Agora, atenção, essa segunda missão só fará sentido se for incondicional, ou seja, se a pessoa que a escolhe, ou sente, amar a si mesma primeiro, porque essa é a única forma de se conseguir dar incondicionalmente algo ou a alguém sem que nunca se precise receber algo em troca. Aqueles que dão sem conhecer primeiro o amor por si mesmos não estão em missão, estão em busca de reconhecimento. Ego. Dão, dão, dão aparentemente de forma incondicional, ainda assim, com o passar do tempo e o desgaste associado, começarão a cobrar, pois precisam, desesperadamente, saber que estão realmente ajudando e que, afinal, são pessoas úteis e boas. Precisam porque não sabem quem são. Se você se ama, você sabe quem é.

Essa é, igualmente, uma belíssima missão, fundamental para com aqueles que lidam com a ausência de saúde, maus padrões de comportamento e para com o lugar em que habitamos. Quem a escolhe, é responsável pela salvação de inúmeras vidas; algumas, dito por quem as vivia, já definitivamente perdidas.

— Ainda que nunca tenha pensado nisso, qual julga ser a sua missão?
Resposta:____

Agora, uma coisa é ter a consciência ou uma mera ideia de qual é o nosso papel nesta vida, outra, totalmente diferente e mais interessante ainda, é saber como, ou seja, fazendo o quê?

Conheço muitas pessoas que, por não fazerem ideia do que andam fazendo aqui ou do que tem para fazer, tem de lidar, sistematicamente, com a frustração desmedida de se sentirem sempre perdidas, inúteis e invisíveis. Deve ser, acredito, angustiante e motivo de sobra para acordar atarantado todas manhãs. Ainda assim, os que sabem, os que já estão orientados, nasceram de igual para igual com os demais, cresceram, regra geral, com educadores limitados e tiveram os desafios próprios da adolescência. Então, o que os diferencia? Naturalmente, a sua predisposição para a paixão e um leque de convicções potencializadoras ao seu dispor.

O caminho para encontrar o que fazer com a sua missão, o seu propósito nesta vida, passa inicialmente por tomar consciência daquilo que o move, daquilo que daria tudo para conseguir encaixar em seu dia, daquilo que o faria sair da cama, bem cedo, ao fim de semana. E não me venha com histórias de que não gosta de nada, que nada tem interesse para você ou que não vê beleza em coisa nenhuma, porque se assim for este livro não terá qualquer influência em seu estado, aliás, nem este livro, nem nada, nem ninguém e o melhor, mesmo é se deixar morrer porque, ainda que respire, está tão podre por dentro que nada, nada poderá valer... exceto você. Ouviu? Você pode sempre escolher renascer, independentemente daquilo que fez a si próprio e do que permitiu que fizessem a você, pode sempre se salvar. Você é o único que pode fazê-lo. E por quê? Porque mesmo assim, amuado por dentro, pode, a qualquer instante, ganhar vergonha na cara, acender a luz da qual tem se escondido e recuperar o seu "Eu" interior, através de pequenas escolhas, mãos dadas e fé... fé em você, em quanto você é capaz, merece e de que tudo é possível. Sempre que, do fundo do poço, olhar para a superfície, verá esperança na claridade e gente tentando alcançá-lo, ainda assim, é você quem terá de encurtar distâncias e sozinho dar início à escalada. Muitas vezes, só descobrimos a nossa missão quando nos estatelamos no poço, quando a soma das nossas escolhas nos prega um susto ou quando percebemos que uma hora a mais de indiferença poderia ter sido, definitivamente, fatal. E, muitas vezes, nesses momentos, em que sentimos estar vivendo nossa última oportunidade, que as nossas ideias se clarificam e descobrimos aquilo que verdadeiramente valorizamos.

Uma vez adquirido esse conhecimento, e não há regras para o alcançarmos podendo ele vir de um sonho, um *hobbie*, um susto ou da sugestão de alguém, é fundamental que acreditemos em sua materialização e que o nosso desejo o alimente sem ter medo de esgotar as providências.

O que você deve fazer com sua missão passa por desempenhar o que o faz feliz! Encontre esse caminho, dê vazão à sua paixão, viva ela intensamente e, quando a esgotar, apaixone-se por outra coisa e escolha desfrutá-la com a mesma intensidade.

Permita-me compartilhar de forma muito resumida o meu percurso enquanto homem de grandes paixões e consequentes missões.

Inicialmente, como todos, calculo, andei à toa tentando perceber, dentro dos milhares de desafios que temos pela frente quando saímos da barriga da nossa mãe, o que era melhor e pior para mim, o que me enchia de alegria e o que me abatia, o que eu fazia questão de repetir e o que nunca mais queria experimentar. Foram precisos anos até tirar as primeiras amarras. Descobri, enfim e já na adolescência, que era apaixonado por mulheres. Por muitas mulheres. A minha primeira missão foi, então, beijar todas as mulheres do mundo. Em minha profunda inconsciência, acreditava que era merecedor, capaz e, vá entender, possível fazê-lo. Lembro-me de ser incansável na arte de seduzir e breve na despedida; afinal, nada mais me interessava além do beijo e não havia tempo a perder. Essa viagem foi hilariante e, assumo, feliz. Acontece que a experiência acumulada com o passar do tempo acabou me renovando conceitos, realidades e convicções. Rapidamente percebi que a minha vida teria de valer por algo mais substancial do que uma soma de beijos e acabei, então, transformando essa paixão num mero *part-time*.

A dança, e tudo aquilo que ela simbolizou em minha vida, foi outra das minhas grandes paixões. De tênis calçados, tudo era possível. A minha missão enquanto homem era aprofundar a arte do movimento, ser feliz ao criá-la, e compartilhá-la com os outros, de forma a atingirem o mesmo estado que eu, quando a amava. Dediquei anos da minha vida a essa paixão e dedicaria, se pudesse, vidas de muitos mais anos a esse amor.

Neste momento, e porque, anteriormente, também já me referi à dança como um sonho, acredito que possa estar embaralhado com os conceitos. A minha interpretação sobre o sonho e missão é muito simples e, talvez por isso, pareçam se misturar e ser a mesma coisa. Não são. Ainda que um não exista sem o outro, ambos têm direito ao seu próprio espaço e ao seu papel especifico e determinante.

A nossa missão é ser felizes e a felicidade é o grande sonho do homem, logo, a sua missão é viver o seu sonho e, quantos mais viver, melhor. Se o fizer, estará evoluindo enquanto alma e contribuindo de forma decisiva, enquanto fonte de inspiração, para o bem-estar dos outros ou do planeta. No momento em que está vivendo o seu sonho, o seu sentido de missão se enlaça com a experiência e juntos fazem a magia que certamente já sentiu; ainda assim, depois de vivida a experiência e degustada a conquista, o sonho fica pelo caminho e a missão prossegue. Imagine que esteja em São Paulo e o seu sonho é chegar ao Rio de Janeiro. A sua missão será resolver todos os enigmas e todos os desafios que encontrará durante a viagem, de forma a atingir o que sempre sonhou, mas, uma vez atingido o Rio, sonhará em chegar em Salvador. Entende? O sonho se renova, a missão é sempre a mesma. Assim que descobre o seu sonho, tem pela frente um caminho no qual vai pregar, através das suas ações, a fé que tem em sua consumação. Mais que isso, atingido e vivido esse sonho, continuará em missão sempre que sonhar com outros voos. A missão é, assim, a principal razão de você estar aqui, e a soma de todos os seus sonhos e de todos os passos que deu rumo à sua felicidade. O sonho, por outro lado, é a ação e o que faz você caminhar mais e mais depressa, é a gama mais alta dos objetivos, ainda assim, vivido, não passará de uma bandeira hasteada em seu caminho.

Recorda-se da pirâmide do capítulo anterior? A missão é a seta ascendente que dará oportunidade ao tão desejado sonho e que segue caminho, rumo ao próximo.

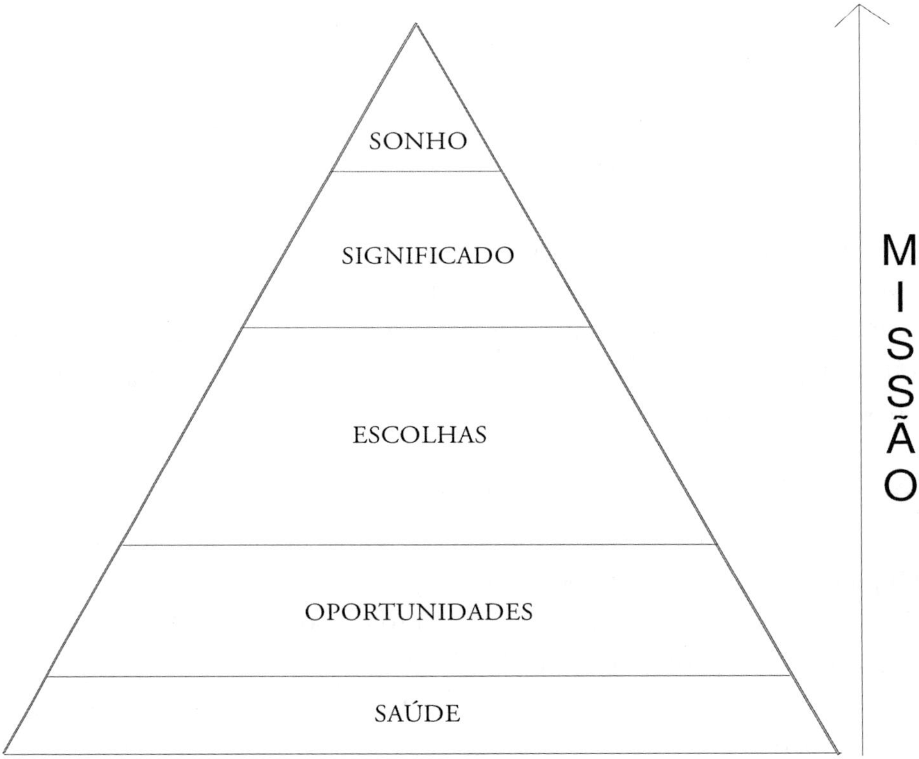

Sem perder o fio da meada, acabei abandonando a dança por motivos físicos. Foi uma dor incalculável, desmedida e tão corrosiva que quase me derrotou. Hoje penso nesse momento em paz, mas me recordo, perfeitamente, do sentimento negro de injustiça, raiva e culpa que senti quando fui obrigado a deixar de viver a minha paixão porque o meu corpo, simplesmente, deixou de conseguir reagir aos estímulos que a música sempre lhe dera. De cabeça quente, é difícil perceber, mas, já o escrevi num romance meu e volto a reforçar essa ideia, mais vale amar um dia e sofrer dois do que não fazer nada. O amor é eterno, a dor passa. Felizmente, enquanto vivi a minha paixão, atingi o meu sonho, fazer parte da elite.

Ainda que um sonho seja abruptamente interrompido, a vida não para e muito menos devemos deixar adormecer o nosso sentido de missão. Se não desistir, pouco tempo depois você perceberá que a vida é mesmo uma experiência maravilhosa. E é porque num dia podemos ser apaixonados por isso e, no outro, por aquilo. Quando assumimos o total controle da nossa vida, as opções são ilimitadas e tudo passa a ser válido desde que faça sentido para nós. Assim foi a transição da dança para as palavras. De repente, tudo aquilo que havia escrito nos últimos anos começou a ganhar contornos de sonho. Sim, comecei a desejar publicar um livro. Senti-o com o bater do coração, com as borboletas na barriga. Nós somos as únicas pessoas capazes de nos manter sempre apaixonadas e, para nosso próprio bem, é bom que o façamos. Assim, escolhi juntar todas as oportunidades que havia criado por, simplesmente, ter impresso a minha caligrafia em páginas outrora brancas, atribui-lhes um novo significado e comecei a sonhar com a ideia de escrever um livro.

A minha missão estava em curso. Resultado: publiquei-o e *Atreva-se a Viver* já é o meu quarto livro, o meu quarto sonho literário.

Escolha fazer o que faz você feliz e estará em missão, rumo ao seu sonho.

— Você está em missão?

Resposta:____

—Qual?

Resposta:____

— O que pode fazer, agora, para se aproximar mais daquilo com que sonha neste momento?

Resposta:____

SUMÁRIO

— Você só depende de si mesmo para ser feliz.
— A felicidade se encontra dentro de nós. Este é o seu princípio. O fim será aquele que você quiser.
— A felicidade é um caminho pessoal. Este livro é apenas um guia que pode dirigi-lo ou não.
— A felicidade é o grande sonho do ser humano. Todo o resto são formas de chegar lá.
— Não há tempo para ficarmos à espera de intervenções divinas.
— Não olhe para o céu, olhe para si, pois é precisamente aí que encontrará a força que precisa neste momento.
— O destino é o seu ponto de chegada. Você terá vários e todos serão criação sua.
— Para o seu bem, é bom que pense que a culpa nunca é dos outros. Só assim conseguirá agir.
— A sua missão é criar condições para ser feliz.
— A paixão é a forca motriz da ação.
— A missão é o propósito da sua vida. O sonho é o que pontua o seu caminho.

6

ATREVA-SE A USAR AS FERRAMENTAS A SEU DISPOR

Ao longo da vida, são colocadas à sua disposição inúmeras ferramentas cujo único objetivo e levar você à felicidade. Acontece que muitas vezes o foco errado naquela que devia ser a sua prioridade, a ausência de objetivos, o medo, ou a soma dos "gigantes" e dos "pequenos nadas" que ainda habitam a nossa mente e, por consequência, as nossas emoções, fazem com que não arrisquemos usá-las em nosso benefício a fim de trilharmos o caminho da felicidade. O que sugiro é que, já que leu até aqui, deposite toda a sua confiança e esperança nos exemplos que vou dar neste capítulo. Acredite, eles são transformadores. Não espere por um milagre, pois mais vale não contar com essas coisas, mas se, ao que vai ler, der um pouco de si, garanto que terá resultados surpreendentes. Atreva-se e use todas as ferramentas ao teu dispor. A felicidade depende de você, faça por merecê-la.

PESSOAS

Reza a minha história que o reencontro das almas não pressupõe lógica e muito menos hora marcada. Por vezes, basta um dedo tocado, uma palavra perdida, uma fotografia ao longe, um silêncio ou a cumplicidade de um sorriso para desencadear toda a magia na qual acreditávamos quando éramos crianças. O amor vem imediatamente em seguida.

Ainda relativo à alma, para depois então chegar à pessoa, também acredito que a alma nunca retrocede em sua aprendizagem, pode estagnar, mas não esquece nem ignora o que já viveu e aprendeu, por isso, afirmo constantemente em minhas sessões de *coaching*, de forma a aliviar a tensão entre a pessoa que tenho à frente e o conflito interno que ela está vivendo, seja direcionado a ela ou a alguém, que nenhuma pessoa se resume a apenas um momento.

Como já escrevi, de fato, ninguém é tão ruim quanto o seu pior ato, mas também nem tão bom quanto o seu melhor.

Há ocorrências terríveis sim, atos deploráveis, tantos, ainda assim, podem ser acidentais, espontâneos, irrefletidos ou inconscientes e nesses casos, a justiça se encarregará de julgar o réu. Mas a vida continua e, muitas vezes, é nessa segunda oportunidade que o arrependimento surge, a consciência reconquista o seu lugar e a alma volta a evoluir. Mesmo que maldosos, e a maldade é sempre o espelho do estado interior de quem a pratica projetado para fora, esses atos são de alguém profundamente perdido e alienado do bom caminho. Podem existir inúmeras razões que justifiquem tal comportamento, mas há uma que, em nós, deve prevalecer: o bom senso. Devemos saber olhar de cima enquanto almas e não ao mesmo nível enquanto seres incomparavelmente mais limitados. A história do olho por olho, dente por dente, deixa de fazer sentido quando adquirimos a consciência de que a vida é preciosa para todos, mesmo para aqueles que, num momento ou fase de suas vidas, saquearam outras vidas ou tentaram por um ponto final nas suas. As pessoas, mesmo que responsáveis pelos piores atos, têm direito de ter tempo de crescer. Uma escolha terrível dará origem a um resultado terrível, ainda assim, no final da respectiva vida, tudo pode acabar bem. Nunca tirei a vida de nada nem de ninguém, com exceção de pernilongos e afins e, confesso, até com certa expressão de prazer, nunca violei nem nunca roubei, quer dizer já, quando adolescente, mas sem impacto nenhum no orçamento da Toys´R´Us, ainda assim, já fui o autor de momentos horríveis, de cenas angustiantes e de choros intermináveis. Mas será que isso me caracteriza, que me define? Não, claro que não! Será que retrocedi em meu processo evolutivo? Também não. Se, em determinada fase da vida, você tiver sido dominado por maus pensamentos, logo, por más ações, não quer dizer que assim seja até ao último dos seus dias enquanto pessoa. Agora, pode se perder com isso? Claro, não o essencial, porque o essencial é você, mas sim pode ser perdido algo bastante importante: os outros. Você sempre pode perder pessoas, pois não controla as escolhas delas e o afastamento pode ser uma escolha legítima para elas, ainda assim, a vida não se restringe a uma, duas, dez ou cem pessoas. Você seguirá o seu caminho e elas terão de aprender a lidar com algo muito importante, o perdão.

Percebe agora a importância de saber quem você é? De quem, verdadeiramente, somos? Se fôssemos um corpo acabaríamos na terra, se fossemos um posto de trabalho, um carro ou uma casa, não sairíamos do mesmo lugar, não evoluiríamos.

Nós somos eternos, almas trabalhando para o mesmo propósito, ainda que em diferentes patamares de evolução.

Além dessa breve abordagem, existe uma outra, fundamental e particularmente interessante, que no meu entender não deixa dúvidas sobre o que acabo de compartilhar. Se esta vida fosse uma experiência isolada, por que razão teria eu nascido saudável, logo, a princípio, capaz e habilitado para uma série de coisas e outros, que poderiam ser como eu, teriam nascido com insuficiências, deficiências ou mesmo falecido durante, imediatamente após ou pouco tempo depois do parto? Não seria lógico, legítimo e profundamente justo termos, ao nascimento, as mesmas condições favoráveis à vida e as mesmas oportunidades? Acreditando que você pensa como eu ou que, pelo menos, esta é uma questão que já o incomodou e estimulou as ideias em algum momento da sua vida, devo seguir e compartilhar com você a luz da minha verdade. É que acabo de acordar para escrever, precisamente, esta parte do livro e dou de cara, na televisão, com um trágico acidente no norte de Portugal, que vitimou, além de dois adultos, uma criança de três anos. Pergunto eu, se esta for a única vida daquela menina, o que terá ela feito de tão mau para não ter sequer a oportunidade de viver mais um minuto que fosse? Ninguém tem resposta para isso. Portanto, ou alguém é culpado por aquele fim trágico e será severamente julgado, mesmo que, como foi o caso, a pessoa ao volante tivesse meramente adormecido, ou seja, nada que fosse premeditado, ou, então, aceita-se o ocorrido, segundo o princípio que falei. Tudo é uma passagem. Nada começa, nada acaba aqui. A questão que se coloca, ao invés da culpa, é: Que mensagem terá esse acontecimento deixado para nós que aqui ficamos? Em mim, em você, em nós. Não será, precisamente, um sinal de que o entendimento da justiça é muito além do que compreendemos, que tudo acontece com um propósito e que nada do que possa acontecer é em vão? Lembre-se do seguinte: Nós estamos todos ligados e, todos, temos uma tremenda influência na vida uns dos outros. Não teria essa alma a belíssima missão de despertar os mais inconscientes, os que se vitimam, constantemente, por tudo e por nada e levá-los a apreciar o milagre que são e as oportunidades fantásticas que diariamente lhes são oferecidas? Não terá sido esta alma, sabia e altruísta, capaz, em tão pouco tempo, de mexer com mais padrões de letargia, sedentarismo de espírito e vitimização, nos quais tantos outros aqui andaram por 80 anos? Uma vida pode valer centenas delas. Pense nisso.

Sou, por natureza e escolha, um homem grato e sempre que algo terrível, como essa notícia, passa por meus dias, gosto de me isolar e agradecer à alma que nos deixa a força da sua mensagem. Tendo a viver melhor e com mais intensidade, pois ando mais desperto e mais entregue. Em detrimento de tudo o que possam ser emoções negativas, encaro estes súbitos desaparecimentos como novas oportunidades para todos, como se, por magia, pozinhos de pirlimpimpim caíssem sobre a nossa consciência, de forma a iluminar as nossas ideias e lubrificar as nossas ações. Obrigado, menina de três anos.

— Qual é o nome da pessoa que mais magoou você? O que ela fez?

Resposta:____

EXERCÍCIO 7

Prepare-se para um enorme desafio. Passaporte? Viaje até ao Anexo 7. Como pode ver, a folha está dividida em quatro e cada retângulo irá representar uma Posição Perceptiva (PP), ou seja, uma visão independente sobre a situação que viveu ou ainda vive com alguém. Foque na resposta que deu à pergunta (* – Qual é o nome da pessoa que mais magoou você? O que ela fez?). No retângulo superior do lado esquerdo (1.a PP), você escreverá a sua própria visão sobre o processo, com base em suas crenças, suas convicções e modelo de mundo; na parte superior direita (2.a PP), escreverá o que se passou segundo o ponto de vista da pessoa que mais o magoou, ou seja, baseado nas crenças, valores e convicções dessa pessoa, seu modelo de mundo, o que a levou a agir assim com você; em baixo à esquerda (3.a PP), escreverá a visão de alguém independente e neutro, ou seja, o que o Gustavo, por exemplo, teria a dizer sobre o ocorrido; e, por último, em baixo à direita (4.a PP), escreverá como um determinado ambiente, a nossa sociedade, por exemplo, interpretaria tal acontecimento. O desafio é despir a sua pele e vestir outras três. Para o exercício resultar, e confie porque pode ser transformador, e ficar mais perto da paz que tanto almeja, terá de ser honesto, verdadeiro consigo e com as diferentes PP. Acredite, o seu ego vai tentar enganá-lo e dar, consecutivamente, razão à sua dor e vitimização. Ele vai tentar encobrir as outras três (PP), embaralhando o que você sempre pensou sobre aquilo que estou pedindo. Esteja atento, mantenha-se concentrado.

— O que você sentiu quando foi até a pessoa que mais o magoou?

Resposta:____

— O que sentiu quando escreveu o que eu e a sociedade poderíamos pensar em relação ao que se passou?

Resposta:____

— Continua sem falar com ela? O que, verdadeiramente, teria a perder se lhe telefonasse agora?

Resposta:____

ATREVA-SE VIVER!

Naturalmente, esse olhar sobre as pessoas me permite ganhos imensuráveis, não só de paz de espírito, mas também de tudo o que, por entender assim os outros, venho a usufruir das relações que com eles desenvolvo.

Sou apaixonado por pessoas. Descobri essa minha paixão com o avançar dos anos, da experiência, e, acima de tudo, com a minha curiosidade e com a minha tremenda capacidade de entrega. Não há forma de conhecer verdadeiramente alguém e de identificar uma alma se não houver uma entrega mútua, uma sintonia conquistada. É apaixonante assistir aos diferentes momentos de cada um, desde a vulnerabilidade à convicção, do medo ao prazer da paixão e do amor, do riso às lagrimas.

Sim, entreguei-me a muita gente e das mais variadas formas. Com algumas recordei tempos ancestrais, é maravilhoso quando se está com alguém e não sentimos necessidade de explicar nossa maneira de ser e de estar ou os nossos silêncios. Com outras, enfim, aventurei-me, ri e chorei, aprendi sem nunca desaprender, ainda que por vezes tenha doído.

Essa vertente dos relacionamentos humanos é maravilhosa, riquíssima e preponderante, ainda assim, representa apenas uma das justificativas para essa minha paixão.

Identifico, nas pessoas, um outro aspeto que me comove e que me eleva o elogio. Sempre que duas pessoas dão a mão, e não me refiro aos apaixonados que caminham pela praia, mas sim ao laço que a partir desse momento as une, algo está para nascer. Algo com uma força maior, capaz de conquistar mais em menos tempo, uma luz mais intensa, capaz de iluminar os mais desesperados, e uma onda de ação, capaz de monopolizar mais e mais pessoas rumo a um objetivo. Uma mão dada pode gerar um imenso cordão humano e nada tem tanto poder quanto um conjunto de gente com os mesmos valores e as mesmas convicções. Apaixona-me essa capacidade que nós temos de mudar a história do mundo, de assistir e contribuir para com as vitórias que já alcançamos juntos, o que já inventamos em prol da nossa espécie e como temos progredido enquanto parte de um todo. Já imaginou quantas pessoas têm sido ajudadas e dirigidas porque um dia você ou alguém que conheça decidiu dar a mão a outro alguém, juntar forças e agir? É maravilhoso.

Ao longo da minha jornada, fui aprendendo a me colocar perante as pessoas, ou seja, a perceber de que forma a minha aprendizagem podia ser potencializada com elas e, por outro lado, de que maneira o meu conhecimento podia potencializar as suas experiências. Foi assim, e depois de dar muitas vezes com a cabeça na parede, que descobri que a melhor forma de me relacionar com as pessoas é por identificação. Se me identificar com alguém, essa pessoa terá imediatamente acesso à vida fantástica que eu tenho, ao contrário, se alguém for me apresentado e nada, em mim, me ligar a ela ou à sua existência, nada terá consequência. E não há problema nenhum nisso. Você não tem de simpatizar com todo o mundo e muito menos agir para que todos gostem de você, aliás, este segundo aspeto é até revelador de uma tremenda falta de autoestima. O fundamental que aconteça é que, independentemente de senti-las ou não, as consiga aceitar e deixar o julgamento para as instâncias adequadas. Bom, mas com isso quero dizer que não faço sala. Não estou com quem não quero nem com quem não tenho vontade de estar. Estou apenas com as pessoas com quem me identifico, nos momentos em que sinto essa vontade, e é esse comportamento que me faz ser apaixonado por elas, ou seja, como respeito o meu desejo em primeira instância, não há nada que, posteriormente, lhes possa apontar a não ser a gratidão por existirem e por fazerem parte da minha vida. Agora, de onde nasce essa identificação? Dois aspetos fundamentais: a energia e o caráter. As pessoas, apesar da grande maioria não saber, relacionam-se por energia. Não é o currículo, não é a beleza e não é a roupa cara nem o carro do outro mundo que, verdadeiramente, as une no trabalho, numa noite de cama ou numa amizade. É algo que não se vê, que não se manifesta nos artefatos, mas na essência, que apenas se sente e as empurra a querer compartilhar algo, criar um objetivo, viver um sonho ou, simplesmente, rir numa experiência qualquer. O caráter, por seu lado, é o que nos faz querer saber, ler, ver e conhecer alguém que, a milhares de quilômetros de distância ou ao nosso lado, gera em nós um modelo de comportamento, um exemplo aos nossos olhos. Costuma-se dizer que o caráter das pessoas se vê nos momentos negativos, eu prefiro acreditar que é quando alguém não tem de fazer ou dar nada e faz e dá tudo que esse caráter se vislumbra. Identifico-me com gente assim. É fundamental conseguirmos olhar para as pessoas pelo lado positivo, além do mais, elas são o passaporte para todas as oportunidades que nós possamos criar. Já viu a tamanha importância de quem tem ao seu lado e de quem ronda sua vida? Você está, agora, mais consciente do poder que esta ferramenta pode ter, desde que bem usada em sua vida? As pessoas são oportunidades. Todas, sem exceção. Nem que sejam oportunidades para viver o perdão e a aceitação. Potencialize sua vida tornando-a receptiva à quantidade de pessoas interessadas em fazer parte dela. Interesse-se por outras vidas também.

— Qual é a sua relação com as pessoas? Você se entrega?
Resposta:____
— O que o levou a agir assim?
Resposta:____

EXERCÍCIO 8

Durante uma semana, e a partir deste momento, desafio você a conhecer cinco pessoas. A iniciativa terá de ser sua e a apresentação terá de ser presencial, ou seja, nada de redes sociais, nem amigos em comum que apresentam a você um amigo deles. É você, apenas você, decidindo quem quer conhecer. Posteriormente, escreva no Anexo 8 os seus nomes e assinale, como entender, com quais dos cinco você se identificou. Podem ser todos ou nenhum, podem ser dois ou três, é indiferente. Divirta-se. Você estará criando oportunidades.

PALAVRAS

As palavras são uma ferramenta poderosíssima e com um impacto decisivo na minha vida. Primeiro, porque conheço o seu poder, depois porque sei usá-las em meu benefício e em prol dos outros e, por último, porque já experimentei o resultado do seu bom uso. Elas projetam uma ideia e consumam a ação. São assim uma espécie de transporte entre uma coisa e outra. Definem o nosso caráter, estão na gênese de quem somos e não raras vezes se tornam eternas.

Recordo-me da primeira vez em que tive de lidar com o peso da palavra. Estava no ensino médio e um adolescente, como eu, chamou-me de “bola”. De fato, eu tendia ao sobrepeso, ainda não era uma bola, mas já caminhava para o oval. Hoje rio desse episódio, mas lembro-me de que, na época, fiquei triste, arrasado e envergonhado. Ele, na ingenuidade da idade, projetara em sua voz a minha maior vergonha, a minha ausência de estima, a minha indiferença à mudança e ao ter dito aquilo foi como se tivesse colocado um espelho na minha frente e me obrigado a ter de lidar com o meu "eu" verdadeiro. Doeu. Eu, que sempre fugira da minha própria imagem, ficara sabendo que o centro do meu pequeno mundo conseguia ver o que eu, há tempos, andava tentando esconder de mim mesmo. Foi penoso, fiquei magoado e sem saber onde me esconder.

E você, como caracterizaria alguém que agisse da mesma forma com você, fosse em que área fosse? Maldade, inconsciência ou verdade? A meu ver, verdade, sempre.

As palavras existem para nos trazer à realidade, ao "Agora", e por vezes doem sim, mas é perante essa dor, que é sua e você sabe disso, que pode escolher desistir e continuar fugindo de si mesmo ou enfrentá-la e ser bem-sucedido. Atenção ao significado que você dá ao que ouve. Estarão magoando você, espezinhando ou, apenas, tentando colocar aquele espelho em sua frente, reforçando o seu medo para que, de uma vez por todas, ganhe consciência do que fazendo a si mesmo e parta para ação? Eu o enfrentei pouco tempo depois e jurei a mim mesmo que nunca mais ninguém me chamaria de tal coisa. E nunca mais aconteceu.

Agora é obvio que há gente mal-intencionada, que utiliza as palavras para magoar, mas elas estão vivendo processos piores do que o seu e, além do mais, estão projetando em você o que estão fartas de ter dentro delas. Nesses casos, em que o que ouve não se traduz numa verdade para você, só tem uma solução: não se sinta pessoalmente atingido. Faça como o personagem do filme *Matrix*, desvie-se docemente das balas. Elas, verdadeiramente, não são para você e hão de ricochetear em algum lugar e voltar para onde vieram.

Por outro lado, ouvir palavras bonitas a nosso respeito é maravilhoso.

O louvor que mais me emociona é, precisamente, o "obrigado pelas suas palavras". Neste momento, sinto que tudo o que acabei de dar não se compara ao que recebi porque, sendo eu, um homem de muitas palavras, nada me aproxima mais do meu sonho e me empolga a continuar a vivê-lo do que ouvir da boca de a quem me dirijo palavras tão reconfortantes. O reconhecimento que nos é feito por algo conquistado é meio caminho andado para nova conquista, ainda assim, lidar com o elogio encerra perigos. Ele terá de ser um reforço do que já pensamos e nunca o que nos leva a pensar, ou seja, para eu saborear o que me é dito após cada palestra, conversa ou sessão de *coaching*, preciso saber, de antemão, que tenho o dom da palavra e não ficar a sabê-lo com a frequência com que isso me é dito, pois, se assim for, lá andará o ego metido no assunto.

Como você se sente sempre que elogia alguém? Faz isso com frequência? Eu sinto uma espécie de alivio, o desatar de um nó na garganta e já sei que vou ter uma noite descansada. Nunca aconteceu a você de ir para a cama pensando que devia ter dito isso ou aquilo a alguém e que, porventura, por não ter tido coragem suficiente no momento, corre o risco de não ter mais oportunidade de fazer? É angustiante, certo? Só para que saiba, hoje raramente isso me acontece. Tornei-me um verdadeiro desbocado.

O mesmo acontece com desabafos e coisas que temos mesmo de falar, pois não podemos continuar permitindo que os nossos valores sejam corrompidos.

Considero-me um homem assertivo perante a vitimização e de fácil elogio perante o mérito. É por isso que sou um amigo para a vida. Diga o que disser, doa ou enalteça, faço-o com a consciência de que as minhas palavras vão carregadas de boa intenção e que terão o impacto suficiente para levar quem as ouve a entendê-las como uma boa oportunidade. Ainda assim, e acontece frequentemente, sou mal-entendido por ter esse relacionamento com a palavra. Ou sou um bruto, ou estou tentando seduzir alguém com segundas intenções. Na vida, por mais bem-intencionados que possamos ser, teremos sempre enormes desafios associados à palavra, pois a nossa concepção de mundo é única e, muitas vezes, imperceptível aos olhos e, sobretudo, aos ouvidos dos outros. Tenho a certeza de que você compreende do que estou falando. Não se sinta injustiçado, sinta-se destemido.

Bom, entendida a importância da palavra verbalizada, atentemos ao seu propósito quando escrita.

Por que razão tendemos a guardar as cartas de amor que nos escreveram? As mensagens mais bonitas que recebemos no celular? Os livros da nossa vida? Por que será? Porque as palavras carregam imagens, as imagens trazem emoções e as emoções conseguem alterar o nosso estado no momento. Ao ler palavras de outros tempos, escritas por outras pessoas, somos, muitas vezes, transportados à nossa essência, para a felicidade, mesmo que naquele preciso momento não a estejamos sentindo. As palavras são esse impulso, a alavanca que você precisa, ainda assim, podem apenas servir de mote, você terá de escrever os seus versos e de ser o seu próprio poema.

Tenho por hábito, há bastante tempo, na noite de fim de ano, reservar, cerca de uma hora, para, numa folha de papel em branco, rabiscar todos os objetivos que pretendo atingir para o ano que está chegando. Aquilo que escrevemos carrega uma energia eterna; costuma-se até dizer que tudo passa, só os livros ficam, e é a intenção com que, letra a letra, escrevo o meu propósito que, quer esteja frustrado ou, profundamente, rendido e apaixonado pelas minhas ações, me guiará e servirá de inspiração para o ano inteiro. Lembra-se do exercício 1? Leia-o de novo. Verá que, neste momento, por toda a informação que já absorveu, você se encontra mais perto de atingir, pelo menos, um dos seus sonhos.

Os meus livros são um tremendo exemplo do quanto apaixonado sou pelas palavras. Tanto nos enredos que crio quanto nas personagens que por eles passam, mora uma profunda intenção de chegar aos corações de quem os lê, de deixar, patente no ar, uma mensagem positiva, transformadora. Crio gente igual a nós, inspirada em mim, em você e em todos para, dessa forma, gerar a identificação necessária que possa levar você à ação.

Uma palavra bem dirigida, dita ou escrita no momento oportuno, pode transformar vidas. A sua e a dos outros.

— Qual é a sua relação com as palavras? Você diz o que sente?
Resposta:____
— O que o levou a agir assim?
Resposta:____

EXERCÍCIO 9

Durante uma semana, e após ter concluído o exercício anterior, desafio você a fazer um elogio a 15 pessoas diferentes e, neste caso, você até pode usar as redes sociais ou o celular, embora seja muito mais intenso e saboroso fazer isso olhos nos olhos, você escolhe. Depois, ou, entretanto, convido você a dizer tudo o que pensa, ainda que de forma educada e bem-intencionada, a cinco pessoas que, suas amigas ou familiares, andem sempre incomodando seu espírito ou com quem sinta ter assuntos por resolver. Descreva tudo o que disse, a quem, e qual o impacto que você sentiu no destinatário, no Anexo 9. Divirta-se e, atenção, aconteça o que acontecer, faça isso incondicionalmente e nunca se sinta pessoalmente atingido.

AFETOS

Encontro num abraço a cápsula do tempo. Não deste tempo, de outros, em que sendo os mesmos éramos de aspeto diferente. O afeto nos proporciona isso mesmo, viagens ancestrais, laços eternos e momentos que perduram. É a mais íntima das intimidades, a anos-luz do beijo e do sexo e, talvez por isso, a menos recorrente. Nem sempre você se permite conhecer quando beija alguém e nem sempre se entregas na cama, mas num abraço, não há como não fazer isso, é você em seu todo. Naturalmente, refiro-me a verdadeiros abraços, aqueles, sem pancadinhas nas costas, em que os peitos estão um contra o outro e com o outro, nos quais deixa de existir passagem de ar entre os corpos e as almas acoplam. Esse abraço é inesquecível. A corrente de emoções é tão forte que o amor se faz ali mesmo, quer estejamos sozinhos ou no meio de uma multidão.

O beijo e o sexo são uma coisa de corpos, alimentam o nosso apetite, o abraço é assunto da alma, via verde entre dimensões. No abraço temos, de fato, a oportunidade de conhecer, verdadeiramente, as pessoas, mas isso só acontece porque elas aceitam assumir a sua vulnerabilidade, o seu cansaço, as suas frustrações e todas as desilusões que lhes pairam a cabeça. Onde já se viu isso na cama? Não se vê. Por quê? Porque o ego não deixa. O abraço é, assim, uma espécie de confessionário, no qual as pessoas se convertem a outras e procuram ajuda, direção e paz.

Quer, efetivamente, conhecer alguém? Abrace. Mas nem só de abraços se faz o afeto.

O afeto é a linguagem do silêncio e no silêncio mora tudo o que não cabe em palavras. Um simples olhar pode alterar o estado de uma pessoa, pode levá-la a pensar que é aceita, que não está sozinha nem perdida, que afinal há vida além da sua. Um sorriso tem o mesmo poder, mas é mais contundente. Promova a ação, a aproximação entre as pessoas, a curiosidade de conhecer. Dar a mão. Tantas vezes falo nisso. Duas mãos abraçadas é sempre o princípio de qualquer coisa. Afinal de contas, tocamos primeiro com o que está mais a mão, certo? A energia que flui de uma mão para a outra consegue amenizar bloqueios, derrubar preconceitos, apaziguar medos e mergulhar a pessoa num mar de confiança, estima e segurança que jamais experimentara. Não me refiro a mão dada dos namorados, refiro-me, sim, àquela que vem de onde menos espera e diz a você para ter calma, para estar atento e que nada nem ninguém fará mal a você.

O afeto é magia.

Tanto promove o reencontro das almas, como o encontro dos homens. É muito além da comunicação, mais intenso e verdadeiro, menos composto e confuso. É o que e é tanto. Somos nós abraçados, de mãos dadas ou num cafuné, são os nossos olhos, o nosso sorriso. É o nosso silêncio, o lugar em que podemos nos redimir e ganhar coragem. O ponto de encontro com o melhor da vida.

O afeto é, assim, uma ferramenta que considero fundamental para uma vida num estado feliz, ainda assim, nem tudo é tão linear e simples como possa parecer. Por incrível que pareça, é preciso saber geri-lo. A pena, a culpa ou a desgraça alheia podem, muitas vezes, levar-nos a um excesso de compaixão e a um descontrole em nossas doses de afeto. Ao mesmo tempo, é a pior medicação que podemos administrar a alguém que tenha como hábito se vitimar por tudo e por nada. Sempre que, num momento desses, lhe dermos uma dose de afeto, por mais curta e simbólica que seja, estamos reforçando seu estado e dizendo a seu ego que o trabalho dele está funcionando com perfeição, ou seja, a nossa resposta afetiva vai fazer com que o ego da pessoa lhe passe a informação de que ser a pobre e infeliz "Maria" é a única forma de ter a atenção dos outros. Dessa forma, os motivos para a sua decadência vão se multiplicar e a pessoa não encontrará amor para sair da cama, vontade para deixar de se lamentar e ir em busca de si mesma ou de um prêmio que justifique tamanha coragem. Às vezes, por querermos fazer tão bem, não nos damos conta do mal que fazemos. Nestes casos, tão frequentes em nossa sociedade e que encontramos tão facilmente em nossas próprias famílias, o passar da mão pela cabeça, o limpar a lágrima, o abraço e as mãos dadas, devem ser apenas utilizados como recompensa a um estímulo ou a uma atitude positiva. Se custa? Claro que sim. Se dói ver o outro sofrendo e não o amparar? Óbvio que dói. Mas o que você quer? Deixá-lo viver na ilusão que o ego dele criou e assumir que será cobrado a vida inteira por tudo o que deixar de fazer por essa pessoa (sim, as vítimas são assim, pode dar atenção a elas por cinco dias seguidos, mas se não der no sexto, será tão cobrado como se não tivesse dado nada até então) ou desmamá-lo através de um discurso bem dirigido e de um bom sistema de recompensa trazê-lo à realidade, à consciência e, finalmente, vê-lo feliz?

O afeto só tem razão de ser quando, além de incondicional, é fruto do desejo, da verdade e do reforço pela positiva.

— Qual é a sua relação com os afetos? Abraça?

Resposta:____

— O que o levou a agir assim?

Resposta:____

EXERCÍCIO 10

Durante uma semana e, após ter conhecido gente nova, elogiado não sei quantas pessoas, sim, porque isso depois se torna uma forma de estar na vida, e dito o que se passava em sua alma a outras tantas, desafio você a abraçar dez pessoas. Atenção, refiro-me à experiência única de um abraço e não ao abraço por si só. Você notará uma magia profunda e aprenderá mais sobre os outros e sobre si mesmo. Anote os seus nomes no Anexo 10 e especifique o que, verdadeiramente, sentiu em cada um. Aprenda, ensine e desfrute.

HOBBIES

Um *hobbie*, ou vários, é a melhor solução para quem quer se entregar, imediatamente, a uma paixão. Esta simples ferramenta, ainda que avassaladora, tem a capacidade de potenciar o seu "Eu" interior de forma tão direta que só irá conseguir imaginar quando experimentar. Falo sobre você fazer algo que goste todos os dias, nem que seja por apenas 15 minutos.

Ler, correr, meditar, visitar um pinheiral, uma praia, um mirante, escrever, caminhar, andar a cavalo, ver um determinado programa na televisão, cozinhar, pintar, tricotar e cantar são apenas alguns exemplos de situações que você pode criar de forma a se apaixonar por si e, por consequência, pelo nascer dos seus dias. O seu trabalho também sairá beneficiado e a relação com os demais melhorará em uma escala que julgava não ser possível. E por quê? Porque o estar apaixonado muda sua energia, porque se, por um lado, o que recebe ao final do mês pode ser o passaporte para realizar o que se apaixona e, assim, em detrimento de olhar para a sua rotina profissional como algo deprimente, pode alterar o significado dela e, com toda a certeza, a sua nova motivação o permitirá alcançar novos objetivos e melhores resultados. Por outro, as pessoas que com você cruzam diariamente perceberão sua renovada luminosidade e quererão saber o motivo pelo qual brilha dessa maneira. Isso gerará aproximação, mais oportunidades e mais entrega.

Ponha o seguinte na cabeça: não haverá um dia em que tudo vá bem se no decorrer dele não existir nada que o apaixone.

Um *hobbie* tem o poder de desvincular você do passado recente ou mesmo do presente atormentado e conectá-lo a uma energia maravilhosa, tão forte, mas tão forte, que, no momento em que o está desempenhando, não mais se lembre do que aconteceu a você ontem, no próprio dia ou dez minutos antes. Isso o levará a relativizar o problema e, mais tarde, a resolvê-lo com metade do esforço.

Dou dois exemplos:

A CORRIDA

Antes de começar a correr por paixão, eu tinha a convicção limitadora de que não era capaz de correr rápido nem durante muito tempo como, aliás, comprovavam os resultados que eu havia tido na escola, durante as aulas de educação física. Além do mais, só a ideia de passar longos minutos com dores nas pernas e com a respiração descontrolada me afastava de todo e qualquer tipo de cenário experimental. E, como se não bastasse, todas as vezes em que fui desafiado por amigos e conhecidos a fazer isso, acreditava que desistiria na metade, voltaria embaraçado e denegriria a minha imagem perante eles. Não havia nada a fazer. Correram anos, por mim, sem que eu ousasse tentar uma única vez. Até que, um dia, encontrei num grande amigo a grande oportunidade. A sua paixão pela corrida e a sua amizade por mim foram mais fortes que o meu medo e não consegui evitar. Ele falava daquilo como eu de palavras, suspirava como eu quando escrevia. Aquilo me tocou e tive de aceitar seu desafio. Marcamos a data e nos encontramos na hora marcada. Antes de iniciar o percurso, oito quilômetros, desculpei-me com tudo e mais alguma coisa, justifiquei o meu eventual fracasso, suspirei e me acovardei. Ele, focadíssimo, ignorou o meu comportamento e eu não tive outra hipótese senão a de tentar modelar o seu. Foi essa sua atitude, de nunca me passar a mão na cabeça dizendo que entendia o coitadinho do Gustavo e que não pararia mesmo se eu escolhesse desistir, que me fez correr o percurso inteiro numa luta atroz contra todas as dores que sentia e os fantasmas de costume. Ele tinha um objetivo e eu teria de ter o meu. Assim foi, claro que acabei me arrastando, mas nunca mais duvidei de mim, nunca mais me pus em causa. Hoje, amo correr. Não só porque a corrida me liga intimamente à saúde e ao bem-estar, mas, também, porque associo a ela imagens de coragem, conquista e superação, trunfos que se tornaram vitais para eu poder viver novas paixões em minha vida. Além do mais, como se já não fosse muito, ainda me liberta de todas as tensões do meu dia a dia e me faz sorrir. Todos os dias em que acordo e sei que vou correr, parece que tenho asas nos pés.

A ESCRITA

A escrita encerra uma dimensão ainda maior e explico o porquê. Foi o primeiro dos meus *hobbies*. Quando adolescente, comecei utilizando as palavras como um desabafo secreto, sem saber ao certo por que o fazia nem aonde tal enredo iria me levar. Lembro-me de acordar inúmeras vezes, ignorar a nuvem negra que muitas vezes me atordoava logo pela manhã e correr até o caderno de capa preta, cheio de pensamentos na cabeça. A composição das frases me acalmava e comecei a levar isso em consideração. Notava que, sempre que escrevia, o meu mundo, os meus dias e eu mudávamos de cor. Apaixonei-me. Aos poucos, converti esse acontecimento em algo diário e passei a me levantar da cama, todos os dias, com um sorriso genuíno nos lábios. Passeava pelas horas imaginando coisas, vivendo outras e supondo que o mundo era como eu queria. A inspiração nunca foi um problema, o dom, percebi mais tarde, providenciava-me tudo aquilo que necessitava para adornar uma história vivida ou criar uma nova.

Foi assim até hoje e assim será, não tenho qualquer dúvida.

Aquilo que começou como um *hobbie*, uma paixão, acabou se transformando em amor, em tudo aquilo que quero fazer durante a minha vida inteira. Este livro, como qualquer um dos três romances já publicados, só existe porque eu nunca negligenciei este sentimento, nunca me agredi ao ponto de não lutar por ele, de ficar resignado quando as coisas não iam bem.

Esta é outra característica dos *hobbies*. Muitas vezes, ao negá-los, você contraria o que a sua essência quer te dizer, afastando-o da sua missão.

— Você possui algum *hobbie*? Qual ou quais?
Resposta:____
— O que essa escolha já permitiu você alcançar?
Resposta:____
— Qual o *hobbie* que você gostaria mesmo de ter?
Resposta:____
— O que você pode começar a fazer hoje que o aproxime dessa concretização?
Resposta:____

PERGUNTAS PODEROSAS

Todas as questões que você possa se fazer são úteis a você. É bem verdade que nem todas são fundamentais ou determinantes para aquilo que você é e que algumas inclusive não passam de mera curiosidade ou pura maquiagem, ainda assim, é algo que você deve fazer com certa frequência. E por quê? Porque quando você se questiona, se coloca automaticamente e naturalmente em questão e, quando você se põe em questão, das duas uma: ou percebe, finalmente, que tem feito escolhas e agido, sistematicamente, contra os seus valores e já não sabe quem é nem por onde anda, ou está decidido a mudar para melhor. Agora, apesar de numa situação você se encontrar perdido e na outra consciente do que quer, qualquer uma das duas representa um quadro consideravelmente favorável. Por quê? Porque todas as perguntas levantam pó, pressupõem respostas e é sempre nas respostas que se encontram as soluções.

Stop! Se me permite, e para que não se engane uma vez mais com a lengalenga de costume, deixo um aviso. Os "não sei" aos quais você se habituou a dizer quando fala consigo mesmo não são respostas válidas. São, isso sim, parte integrante daquele grupo de pequenas desculpas que você anda contando a si mesmo. Sim, os seus "não sei" servem apenas para estimular a sua preguiça ou simular uma mera e inconsequente tentativa de mudança, servem para você ter tempo de se agachar com medo ou fugir da realidade e são ótimos para justificar a vida monocórdia que você tem, nada mais. Ponha uma coisa na cabeça: você sabe e saberá sempre o que é melhor para você. O que acontece é que, tantas vezes, você negligenciou a sua verdade, que agora possui sobre ela uma camada densa de bloqueios, medos e preconceitos, coisa que, em alguns casos, ainda é agravada por emoções como a culpa e a raiva, certo?

Pois bem, foi você quem se colocou nessa posição, então terá de ser você a tentar sair dela. Ninguém poderá fazer isso por você. Um bom naipe de respostas e de convicções potencializadoras são a solução que procura. Juntas, são a escada para o seu céu.

Percebe, agora, a lacuna que existe quando não se comunica ou quando não é determinante e assertivo consigo mesmo? Ou age, constantemente, contra si até que seu corpo sucumba ou nunca sairá do mesmo lugar. O seu diálogo interior é preponderante em sua aprendizagem e em sua relação com os outros e as perguntas, principalmente as poderosas, as que abanam a nossa estrutura egocêntrica por serem orientadas à solução real e pressuporem ação, são o melhor canal para encontrarmos, novamente, a nossa verdade e alcançar o estado que desejamos.

Você pode fazer essas perguntas a qualquer momento, e opte pelo "o quê?" em detrimento do "por quê?". É que, enquanto a primeira pergunta aponta, imediatamente, o que você pode fazer; a segunda, pelo contrário, apenas o afunda um pouco mais na lama em que já está. Sempre que justifica por que não é feliz, por exemplo, reforça o que falta em você e nunca o que pode ser feito.

Experimente. Abaixo, encontrará alguns exemplos:

– O que me faz feliz?

– O que me impede de sorrir hoje?
– O que me impede de entrar em ação hoje?
– O que é verdadeiramente importante para mim?
– O que eu ganho se agir em conformidade com o meu desejo?
– O que de pior me pode acontecer se eu fizer isso?
– O que ainda não me realiza?
– O que significa "isto" ou "esta pessoa" para mim?
– Que caminho eu estou seguindo? O meu ou o de alguém?
– Quais são os meus valores que não estão sendo respeitados?
– O que eu posso fazer para alterar imediatamente o meu estado?

A RODA DA VIDA

É um fato, reza a história, que a invenção da roda foi um dos maiores feitos do Homem. Agora, curioso é, depois de tantos séculos, essa forma redonda ainda ser tão preponderante em nossa vida. Naturalmente, é porque são bens que podemos dar como adquiridos, não me refiro a instrumentos ou objetos corriqueiros do nosso dia a dia como os pneus, os CDs ou os *donuts;* refiro-me, isso sim, à importância e ao impacto que o exemplo seguinte pode ter em nossa vida.

A Roda da Vida é uma ferramenta poderosíssima, é o espelho do seu "Agora", o reflexo de todas as virtudes e desvios que escolheu para si. Se, em sua realização, você for fiel a si mesmo, perceberá que nada consegue ser tão claro como a exclusividade da sua verdade. Encontrará, ao redor desse globo interior, inúmeros enigmas à espreita de resolução e é, exatamente, por isso, que vou colocar à sua disposição as duas palavras-chave que precisa saber para poder interpretar de uma forma apropriada e orientada à ação o que você próprio irá descobrir a seu respeito.

São elas a Alavanca e a Âncora.

Apesar de começarem as duas pela letra "A", são completamente distintas uma da outra. Enquanto a Alavanca puxa você para cima e para aquilo que deseja, a Âncora o mantém amarrado ao fundo e apenas o puxa para baixo de forma a levá-lo a pensar que não consegue sair de onde está. As duas possuem, também, poderes completamente diferentes, ou seja, ao contrário da Âncora, que não possui qualquer força ascensional, a Alavanca pode interferir numa situação em que esteja ancorado e, mediante as suas escolhas, libertá-lo.

Entendido? Passemos à ação.

EXERCÍCIO 11

Vá até seu lugar de sempre e se concentre, agora, no Anexo 11. À sua frente, está prestes a ser desvendado o seu presente, o seu Estado Atual. Sim, você ainda somente imaginava como se encontrava. Agora, ficará sabendo realmente. Cada uma das fatias dessa roda representa um ponto-chave que foi, de uma forma ou outra, retratado neste livro e a soma de todas o ajudará a definir o estado em que está neste momento: feliz ou infeliz. Pretendo, assim, que, numa escala de zero a dez, em que (0) significa nada e (10) o máximo, você pontue o nível em que se encontra, perante cada um dos itens escolhidos. Depois, pegue uma caneta fluorescente e pinte na respectiva fatia o equivalente à pontuação que você deu a ela, ou seja, se a nota for cinco, você pinta apenas metade. Dessa forma, você começará a vislumbrar uma mancha de cor que, ao final, grande ou pequena, goste ou não, será o veredito do seu "Agora". Por último, fique atento ao espaço em branco que sobrou de cada uma das fatias, pois é, precisamente, essa a distância que separa você do seu Estado Desejado.

Mais cor significa mais consciência e, por conseguinte, uma maior possibilidade de se encontrar num estado de felicidade.

Repita este exercício de dois em dois meses e você terá não só uma radiografia atualizada sobre quem é e de qual o seu estado como, também, e fundamentalmente, um rasto da sua evolução enquanto ser humano e, por consequência, enquanto alma.

— Qual é a primeira análise que você faz da mancha que pintou?

Resposta:______________________________

— O que corresponde à fatia com a nota mais baixa?

Resposta:______________________________

— Qual é a convicção limitadora a qual você está ancorado?

Resposta:______________________________

Recuperemos, agora com alguns exemplos, e para uma melhor compreensão, a ideia de Alavanca e Âncora, ou seja, a ideia de como agir perante qualquer cenário.

• Imagine que você um "2" em "*Hobbies*/divertimento" e um "9" em "Carreira profissional". De que forma a nota mais alta poderá alavancar a mais baixa? Simples, se você gerir melhor o tempo que passa trabalhando e aprender a confiar nos outros, pode vir a ganhar tempo para se divertir.

• Imagine que você tem um "10" em "Sonho" e um "1" em "Finanças", o que você poderá fazer para deixar de estar preso às contas? Pode associar ao seu sonho o fato de vir a ganhar, também, algum dinheiro. Quando assim for, transferirá igualmente o foco para aquilo que precisa ter na carteira para satisfazer, pelo menos, algumas necessidades básicas e, provavelmente, a extensão do mesmo é o acesso a mais sonhos.

• Imagine que você tem um 8 em "Prioridade" e um "2" em "Paixão", ora se você já é a sua prioridade, desenvolva um plano de ação que o permita fazer mais coisas que o apaixonem.

— De que forma uma ou várias das suas notas mais altas podem alavancar a mais negativa?
Resposta:____

O *COCKPIT* DO SEU AVIÃO

Ao longo do livro, tenho falado inúmeras vezes na palavra "viagem", certo? Não é por acaso. Imagine que a sua vida é essa tal viagem e que você, do primeiro aos últimos segundos de vida, tem ao seu dispor um avião equipado com todo o espaço do mundo, com todos os meios de navegação possíveis e imaginários e que com ele poderá fazer as escalas que quiser, voar da origem a todos os destinos que escolher e levar com você as pessoas que bem entender.

Pronto para decolar? Então comece desenhando um avião numa folha branca de papel, no qual você estará no centro de todas as operações, como comandante dessa aeronave.

Pronto? Muito bem. Neste momento já recolheu o trem de aterrissagem e está subindo lentamente até alcançar a altitude recomendada. Assim, aproveite para dividir o seu avião em três partes: o *cockpit*, onde estará confortavelmente instalado, a classe executiva e a turística. Muito bem, em seguida, e porque ligou o piloto automático, olhará em volta e verá quem está no *cockpit* com você. Levante-se e vá fazer o mesmo, cruzando o avião de ponta a ponta, olhando, minuciosamente, para quem leva com você nessa viagem, seja na primeira classe ou na segunda. Concluído o passeio, retorne ao posto de comandante e olhe para o dossiê das instruções de voo. Ele diz o seguinte:

– No *cockpit*, devem viajar todas as pessoas que ama e a quem permite ter influência sobre as suas escolhas e, por consequência, sobre a sua vida.

– Na classe executiva, devem viajar aquelas pessoas com quem você se identifica ou ama, mas às quais não permite que tenham qualquer influência sobre a sua vida.

– Na classe turística, devem viajar todas as pessoas que apenas passam por sua vida e a quem não atribui qualquer significado especial.

Lembre-se de quem está a seu redor, fechado na cabine com você e pronto para assumir o controle da sua vida se, por momentos, você fraquejar, tipo perder o amor-próprio, a estima e a confiança em si? Lembre-se de quem viu nas classes executiva e turística? Será que estão as pessoas certas nos lugares certos?

As pessoas certas nos lugares certos do seu avião é condição obrigatória para você poder ir rumo à sua felicidade e é por isso que o "ser prioritário" se torna tão valioso. Quando você se assume como o único protagonista da sua vida, pode fazer todas as escolhas possíveis e imaginárias, pode delegar quem conhece para onde quiser e em qualquer momento da sua vida. De fato, há gente que tem os seus lugares muito mal distribuídos e depois, culpam os outros por tudo aquilo que lhes acontece, não se dando ao trabalho de se questionarem quanto às escolhas que fizeram. As pessoas não entram em nosso *cockpit* à força, nós é que as metemos lá dentro e, uma vez ao nosso lado, corremos um leque enorme de riscos desnecessários, típicos de quem tem por hábito desvalorizar quem é e a oportunidade que teve de estar aqui.

Quando somos a nossa prioridade somos, igualmente, os únicos responsáveis por tudo aquilo que nos acontece e talvez seja por isso que essa ideia amedronta tanta gente. Não ter ninguém para culpar é um problema dos diabos.

A seguir, deixo dois exemplos que se passaram comigo, um de boa analise e outro de má, nos quais corri sérios riscos de trucidar o meu sonho, e depois, você dirá se precisa, ou não, de fazer uma aterrissagem de emergência.

1) Quando na metade do último ano da faculdade escolhi seguir o meu sonho de ser bailarino, e falei disso neste livro, tive de fincar o pé diante de um *tsunami* de opiniões contrárias à minha, nomeadamente, a dos meus pais. E quando escrevo "fincar o pé", refiro-me, literalmente, a fazer tanta força em meu lugar, na minha ideia e naquilo que sabia ser melhor para mim, que as ondas, gigantes por natureza, se dividiram como na Bíblia e não me tocaram, não me arrastaram no medo nem no preconceito deles. Assim foi, porque, ao longo da minha vida, fui percebendo que, apesar de amá-los e saber que querem o melhor para mim, não podia colocá-los ao meu lado no *cockpit* do meu avião. *Por que não?,* perguntaria você. *Não são seus pais?* Porque eles são o exemplo de uma geração que vive atormentada e traumatizada por inúmeros acontecimentos da época, pela rispidez da educação que tiveram e, acima de tudo, pelas dificuldades das mais variadas ordens pelas quais tiveram de passar. Normalmente, querem para nós, filhos, o que eles nunca tiveram e depois tornam-se obsessivos com essa ideia, criando expectativas acerca de um curso superior, do sucesso profissional e da família feliz que nunca foram. Raras são as pessoas da idade deles, 50 ou 60 anos, que assumem serem felizes, e é assim porque a maior parte delas ainda vive ancorada a escolhas que fizeram há 10, 20 ou 30 anos. Ora, estas pessoas, na minha concepção de mundo e por muito bem que nos queiramos uns aos outros, não podem ter qualquer acesso aos comandos da minha nave, nem eu lhes posso dar qualquer poder decisivo sobre mim e as minhas escolhas, porque correria o risco de a sua influência, como já aconteceu em minha infância e adolescência, vir carregada com tudo o que de experimentaram de ruim e as mantêm amarradas até agora.

Assim, tenho-os em minha classe executiva, bem acomodados, onde podem desfrutar da minha viagem, bebendo um champanhe e comendo refeições especiais.

2) O momento que escolhi para escrever o meu terceiro romance, *A Dança da Vida*, foi, definitivamente, conturbado. Não trabalhava na televisão há muito tempo, mais de um ano, e estava começando a

enlouquecer, acordando todas as manhãs com um hálito pesado de inutilidade e cansado de me sentir injustiçado. Frescura. Então, depois de muita comunicação interna, decidi tornar-me capaz, confiante e criativo. Iniciei mais um ciclo de palavras. As coisas começaram a dar certo, afinal, sou um apaixonado pela palavra e reconheço o poder terapêutico que já tantas vezes teve em mim, acontece que, depois, chegado a meio do processo e previamente combinado com o editor, escolhi levar a ele a primeira parte do livro que havia escrito e ficar à espera da sua opinião para, então, e vê se faz algum sentido, dar continuidade ao meu sonho, sim, vou repetir, ao meu sonho. Assim foi, meti aquela pessoa no meu *cockpit* e dei a ela poder para influenciar a minha vida. A data que, inicialmente, estipulamos para ter o seu *feedback* foi, amplamente, prolongada e as mais variadas justificativas da parte dele, acabavam, sempre, fazendo sentido para mim. Passaram-se dias, semanas a fio, e quando já estava amarrado há cerca de dois meses, decidi romper com o silêncio e, sem hora marcada, apareci na respectiva editora. A pessoa se aprontou em me receber e, muito tranquilamente, sem grandes conversas, disse-me que já havia lido tudo, mas que, na sua opinião, não estava publicável. Como você deve calcular, caiu-me o queixo, os olhos, a luz, tudo. A única coisa que eu estava fazendo há um ano e meio estava sendo malfeita, concluí. Saí arrasado e voltei para casa pondo tudo em causa. O ego, a mesma voz que me atormentava antes de ter começado a escrever, voltou com força e quase me venceu... quase, porque, uma vez mais o amor triunfou. Duas semanas depois de tão amargo veredito, enterrei aquela influência, voltei a me entregar e escolhi ir até o fim, sem qualquer expectativa, somando linhas por mim, pelo meu sonho, pelo que amo fazer. Acabei-o, e pelo que havia ouvido meses antes, com uma sensação estranha de que o que havia nascido era interessante e extremamente poderoso. A mensagem vinculava as pessoas ao "Aqui e Agora", algo pelo qual eu próprio lutara na criação daquela história. Com a confiança renovada, me propus a fazer uns telefonemas com o objetivo de mostrar o produto final a alguém abalizado que o pudesse ler e me transmitir outro tipo de opinião. Assim foi, e, passados poucos dias, a minha amiga Fernanda Freitas me apresentou uma senhora muito querida, dona de uns óculos singulares para a idade, chamada Maria João, que, do nada, ligou-me dizendo que havia apreciado o que lera e que era sua intenção editá-lo. Assim foi, e mais tarde ainda vim a saber que a primeira pessoa a quem tinha pedido uma opinião, e sobre a qual escolhi depender, me mentira, pois apenas tinha lido as primeiras páginas da metade que lhe havia entregue.

Moral da história: este exemplo só é fidedigno porque um dia escolhi acabar de escrever o meu terceiro romance. Além do mais, todas as opiniões são legítimas, todas as pessoas têm o direito de se esquivar, mentir ou ocultar seja o que for, agora, se não se identifica com esse padrão de comportamento ou sabe que quer outro tipo de pessoas ou se considera merecedor de outro tipo de influência, não as ponha em teu *cockpit*. O erro é seu e nunca dos outros. É você quem tem de mudar.

Tenho uma enorme gratidão para com essa pessoa, pois me permitiu aprender esta enorme lição, ainda assim, encontra-se, neste momento, em classe turística, mesmo ao lado dos banheiros ao fundo.

— Sendo assim, você reconhece alguém a mais em seu *cockpit*? Nome e o porquê?
Resposta:____
— O que você pode fazer para tirá-la de lá?
Resposta:____
— Existe alguém que mereça um *upgrade* para o seu *cockpit*? Nome e o porquê?
Resposta:____
— Que ações você pode tomar no sentido de lhe dar a entender o prêmio do seu mérito?
Resposta:____

Assegure-se de levar com você e ao seu lado quem considera, verdadeiramente, importante. Boa viagem.

SUMÁRIO

— Conheça novas pessoas, reconheça e se explique a outras, abrace mais.
— Questione-se! Você saberá quem é imediatamente em seguida.
— Um *hobbie* esconde sempre um segredo valioso.
— A Roda da Vida é a bola de neve para a sua felicidade.
— Os passageiros do seu avião são aquilo que você quiser que eles sejam.

7

O GLOSSÁRIO DA PAZ

Encontro-me, neste momento, dentro de um avião, a 38 mil pés do chão, por cima do deserto do Saara, a caminho de um continente que amo e mais, especificamente, de um lugar chamado Moçambique.

Estou em paz, feliz por me sentir merecedor de estar aqui e agora, apaixonado pela ideia de voltar à terra que considero ser o lar da minha alma, África. Este último capítulo será, integralmente, escrito aqui, em cima, no céu, tanto para lá como para cá, no regresso a Lisboa, pois foi este o significado que dei às mais de 20 horas que passarei aqui dentro nestas duas viagens.

Para mim, esta cruzada visceral à minha consciência e às minhas emoções acabou por ser uma viagem épica, necessária e na qual me retratei em alguns aspetos em que, agora e substancialmente, me sinto melhor e mais consciente. Existirá, por isso, melhor epílogo do que este, em que, por cima dos corais de nuvens, apenas vislumbro a quietude e o silencio da paz?

Atreva-se a viver!

Encontrará neste glossário todas as palavras que considero estarem associadas à mensagem e aos alertas que pretendi passar a você ao longo destas páginas e a identificação que desejo que encontre ao me ler porque sei que sempre que nos identificamos com alguém, tudo tende a parecer mais simples. Você notará, também, que algumas destas palavras estão tão interligadas quanto as células do seu corpo e é por isso que, apenas juntas, conseguem ser uma unidade transformadora e a linha condutora para uma vida plena de sentido, integrada com a sua missão e, certamente, aprovada, com distinção, pelas mais altas instâncias espirituais.

Muito obrigado.

A

Ação – atitude para o sonho; a sua tomada ou não e o que, verdadeiramente, distingue as pessoas umas das outras.

Aceitação – aceitar todo o tipo de diferenças, colocar-se na lista das pessoas mais felizes; aproximar-se da consciência, do conhecimento e libertar-se da culpa, da raiva e do rancor.

Afetos – encontrar num abraço a capsula do tempo... não deste tempo, de outros, em que sendo os mesmos éramos de aspeto diferente; a verdadeira intimidade porque, mais do que corpos, é uma coisa de almas.

Agora – é o seu bem mais valioso porque é o único tempo que é real; é agora e será sempre agora que você pode começar de novo e passar a agir em conformidade com o que o faz feliz.

Alma – é o que você, verdadeiramente, é; e a tua matriz e o que faz de ti um ser eterno.

Amanhã – pura ilusão; está fora do teu controlo, pois todo o teu poder só se consegue manifestar "aqui e agora".

Amor – chave-mestra para todos os teus "agora"; nada nem ninguém poderá atingi-lo se você se amar e é, precisamente, essa a condição necessária para conseguir amar os outros; incondicional; entrega.

Arrependimento – prova inequívoca de que ainda existem coisas das quais tem de se perdoar.

Autoestima – imagem que tem de si mesmo.

B

Beleza – encontra-se muito além do que os olhos alcançam, dentro de você; manifesta-se em suas ações.

Bloqueios – experiências referentes ao seu passado que ainda não conseguiu aceitar ou perdoar e que, por isso mesmo, o levam a negligenciar o seu presente.

C

Coaching – sistema de perguntas e respostas que visa a desconstrução de estórias (desculpas), o entendimento das emoções, da importância dos valores e a profecia dos sonhos que tem como objetivo final orientar e alinhar as pessoas com a sua felicidade.

Cobrança – passatempo dos infelizes, daqueles que abdicaram, por momentos ou eternamente, de viver as suas próprias vidas para passarem a atormentar as dos outros.

Comunicação – quanto mais positiva for, melhores resultados você terá; indicadora de estado e de caráter.

Confiança – leva você mais longe.

Conhecimento – está em todo lugar, em todas as coisas e todas as pessoas; ingrediente que dá sabor à identificação.

Consciência – medida de sabedoria; adquire-se, somente, através da experiência; tem um efeito prolongado para as coisas boas e funciona por antecipação com as negativas, permitindo você escapar a tempo e evitar males maiores.

Conselho – evite dá-los, pois o seu modelo de mundo é único e só faz sentido para você; podem gerar frustração, incompreensão e culpa.

Convicções – são o 8 e o 80, o "sim" e o "não"; enorme fonte de poder e quem não souber utilizá-las viverá no impasse do meio-termo que, afinal de contas, caracteriza todos os que nunca sabem nada.

Coração – mais do que um órgão vital, simboliza a sua identidade e a destreza da sua bondade.

Corpo – quando associado ao ego, torna-se uma armadilha; mala de viagem em que depositamos tudo o que queremos, mas se um dia a perdermos, a viagem continua; de uso temporário, ainda assim, respeite o seu prazo de validade e cuida dele para que possa viver o maior tempo possível com uma boa qualidade de vida.

Crise – é, essencialmente e ao contrário do que se possa pensar, um mal pessoal e interno que, obviamente, acaba se refletindo no exterior, enquanto todo; oportunidade de superação; quando resolver a crise do seu mundo, deixará de encontrá-la no mundo em que vivemos.

D

Dar – provavelmente, a melhor sensação do mundo.

Dependência – trunfo dos tristes; hino da vitimização; território dos fracos e inconscientes.

Desejo – filho da paixão; quando respeitado, leva você do sedentarismo à ação.

Destino – ponto de chegada; materialização da sua criação.

Deus – lugar para onde você pode enviar a sua gratidão.

Dever – obrigação que afasta você do que verdadeiramente deseja e, acima de tudo, de você mesmo.

Doença – oportunidade para parar e refletir; mesmo que crônica, não é justificativa para você se encontrar, sistematicamente, num estado infeliz; percepção de poder ilimitado.

Dom – aptidão para...; caminho pelo qual faz sentido enveredar.

E

Ego – é aquela voz que começa destruindo você, dizendo que não vale nada e que nunca conseguirá atingir o que deseja, para depois, quando você estiver prostrado no chão e sem forças, aproximar-se, passo a passo, estender-lhe o braço e dizer que é o seu melhor amigo, o único capaz de ajudá-lo a levantar, isto, claro, se você obedecer, escrupulosamente, às suas ordens; a maior e mais poderosa armadilha do homem contra ele mesmo.

Emoções – fiel da sua balança; assumidas, são a extensão para o fantástico; contidas ou mascaradas, representam um perigo que pode vir a ser de morte.

Energia – a sua essência e a essência das coisas; espelho do nosso estado.

Entrega – amor; não pressupõe bloqueios, preconceitos nem medos e exige que o foco esteja centrado no "Agora".

Escolhas – determinam onde você está e são da sua exclusiva responsabilidade.
Esperança – decisão consciente para quando você aguarda o resultado ou a resposta de alguém que não é você; não pressupõe cobrança.
Espiritualidade – consciência acumulada da alma.
Estado – só há dois: feliz ou infeliz.
Estória – telenovela que passa, diariamente, em horário nobre na sua cabeça e que inclui várias repetições ao longo da sua vida. Desculpa.
Estratégia – dissecação do caminho até atingir o objetivo.
Expectativa – sobre você, pode levá-lo à ação; sobre os outros, e ridículo; pressupõe altos índices de cobrança; inibidor de relações humanas.
Experiência – trem para as emoções; todas são válidas ainda que, por vezes, possam ser dolorosas; proveniência de lições e sabedoria.

F

Fe – crença potenciadora que, em alguns momentos de maior fragilidade, pode providenciar a você uma força extra; para ser legitima não pode pressupor pedidos nem qualquer tipo de dependência sobre a materialização dos mesmos.
Felicidade – missão pessoal; estado natural; estilo de vida.
Fim – princípio de muitas outras coisas.
Foco – olhar intencional; orientação da ação; requisito indispensável ao sucesso.
Fundamentalismo – crença cega, limitadora e condizente com todos aqueles que vivem assombrados pelo desconhecido e com aquilo que não controlam; inibidor de experiência e sabedoria; potenciador de guerras e destruição.
Futuro – ... a ninguém pertence.

G

Gratidão – laços profundos; ato nobre que pressupõe humildade e muita consciência; eleva o emissor e reconhece o receptor.
Guerra – conjunto de egos em disputa.

H

Hábitos – definem o seu caráter e, por consequência, quem você é.

Histórias – promovem, através de inúmeros exemplos, a independência, o amor, a compaixão e a felicidade.

Hobbies – solução simples e, muitas vezes, a custo zero, para variadíssimos problemas.

Humildade – patrimônio exclusivo dos conscientes; não confundir com anulação.

Humor – atalho maravilhoso para a felicidade; sempre que você brinca com algo que outrora o magoou, prova a si mesmo que já está tudo ultrapassado.

I

Identificação – sempre que você se identifica com alguém, entra numa dimensão tão especial e tão consciente que a magia é senhora do tempo e o momento, o mais belo do mundo; as relações mais verdadeiras e felizes são aquelas que se baseiam neste princípio.

Inconsciência – ausência de experiência; desconhecimento.

Incondicional – quem não entende o ser incondicional, dificilmente compreendera o amor; única via para a liberdade.

Independência – qualidade que faz de você dono e senhor da sua vida.

Inferno – nada tem que ver com o lugar para onde vai, quanto muito representa o lugar onde está agora.

Inseguranças – resultado de uma ou mais experiências negativas que fazem você sempre temer o pior; têm o poder que der a elas; sabotam relações e inibem o desenvolvimento de laços mais profundos entre as pessoas; o caminho certo para se deixar manipular.

Intimidade – nada tem que ver com a nudez ou o sexo; e o conjunto das suas ideias e daquilo que só você sabe a seu respeito.

Intuição – voz da sua alma.

J

Julgamento – comum a todos aqueles que não tem vida própria; anda de mãos dadas com a cobrança.

Justiça – opinião pessoal e pouco objetiva, pois depende sempre do modelo de mundo de cada um.

L

Lembrança – recordar não é viver; é, antes de mais, abdicar do que podia estar vivendo por estar investindo o seu "Agora" em algo em que não mais pode misturar nem influenciar; viver de memórias é negligenciar a vida.

Leveza – resultado de uma conduta assente no perdão; prêmio pelo objetivo alcançado ou pela missão cumprida.

Luta – oportunidade perdida para amar.

M

Maldade – está relacionada, única e exclusivamente, à intenção.

Meditação – ponto de encontro consigo.

Medo – emoção inibidora de ação.

Mérito – filosofia de vida; elite de guerreiros.

Missão – curso que o leva da mera oportunidade ao sonho sonhado; ser feliz.

Morte – último dos segredos; é a cereja no topo do bolo; permite o acesso a novos níveis de consciência.

N

Natureza – está ao alcance de todos e não custa dinheiro nenhum; refúgio dos conscientes.

Não – enorme fonte de poder; convicção que, naturalmente, afasta você de tudo aquilo que não deseja e que, por isso, providencia tempo útil a você para investir em seu sonho.

O

Objetivos – fonte primitiva de começar qualquer coisa, pois não pressupõe conhecimentos acerca de nada nem qualquer tipo de sentimentos pessoais; pura intenção; estímulos de sucesso.

Oportunidades – encontram-se em todo lugar; base de trabalho onde podes começar a projetar os seus sonhos.

Otimismo – corrente de coisas boas; pressupõe inteligência e capacidade de adaptação; forma de estar.

P

Paixão – motor da ação; forca impulsionadora que o catapulta para patamares que você próprio desconheces.

Palavras – bem administradas, são uma belíssima ferramenta para o seu sucesso pessoal e uma excelente contribuição para com o dos outros; ligação entre os pensamentos e a ação.

Paraíso – não está no céu, mas pode encontrá-lo na terra, assim que souber quem é, o que quer fazer e ter.

Paz – resultado de um estado feliz; quimera do “Agora”; prova de que você está alinhado com a sua intimidade.

Pecado – estória ou desculpa inventada para manter o ser humano controlado e longe do seu maior direito, o livre-arbítrio.

Pensamentos – origem do seu mundo.

Perdão – maior feito do ser humano; a mais alta instância do nosso amor próprio; maior do que todas as mágoas.

Perfeccionismo – dissabores à descrição.

Pessoas – fonte de oportunidades e destino dos nossos afetos; o melhor que o mundo tem, pois tudo é possível com uma mão dada.

Preconceitos – estórias que ainda carrega em seu presente e que limitam o seu “Agora”; inibidores de experiências que estejam além do até então conhecido; facilitadores da apatia; não deixam margem para a aprendizagem.

Prejulgamentos – afastam o ser humano da realidade e das pessoas e, por isso, do conhecimento; existem porque quem os faz, de alguma maneira, se sente ameaçado.

Prioridade – consciência ao mais alto nível; a primeira das escolhas; a base de todo o entendimento.

Problema – não há nenhum sem solução.

Q

Queda – é o melhor que pode acontecer a você se estiver sem se mexer há muito tempo; traz sempre uma lição de acessório.

Questões – evolução; implicam respostas e é aí que você pode descobrir o que faltava você saber para agir.

R

Reconhecimento – todos precisamos e saboreamos bem; não ouse depender dele; aproxima as pessoas.

Relações – nenhuma, seja ela profissional, familiar, de amizade ou amorosa, pode confinar umas das pessoas ou as duas a algo, alguém ou a outra; servem para potenciar os valores, a autodescoberta a atalhar a felicidade, providenciando a cada um dos elementos uma base considerável de equilíbrio.

Religião – conjunto de pessoas com a crença de que algo ou alguém e superior a elas; gera dependência e, como tal, mais tarde ou mais cedo, infortúnios, sentimentos de injustiça, incompreensão, culpa e cobrança.

Renascimento – recuperação do "eu"; acontecerá a você inúmeras vezes ao longo desta vida.

Resultado – mérito ou demérito seu.

S

Saúde – leve-a a sério; condição vital para nos entregarmos a qualquer tipo de experiência; ponte para a gratidão.

Segredos – todos temos e ainda bem, é sinal de que respeitamos a nossa intimidade.

Significado – forma muito pessoal de interpretar as oportunidades que surgem, as escolhas que fez e o que lhe acontece; pode fazer você sonhar ou se aterrorizar.

Silêncio – respostas sem fim; nunca o use se tiver algo a dizer; é um dos principais caminhos para a paz.

Sim – convicção decisiva; aproxima você do que o apaixona; permite você iniciar qualquer viagem.

Sofrimento – natural e comum à experiência; só existe na consciência; é sempre vencido pelo desapego.

Sonho – apenas ao alcance dos audazes, dos que escolhem agir em detrimento de ficar só a pensar; e sempre o ponto mais alto da nossa estada na Terra; pessoal e intransmissível.

Superação – o mundo que se encontra além das suas convicções limitadoras.

T

Tempo – ponteiro num relógio; por si só não tem qualquer poder; não decide nada, nem ajuda a esquecer seja o que for.

Transformação – sinal de que você está enveredando pelo caminho certo; dói, mas vale sempre a pena.

U

Universo – lar comum a tudo e a todos; energia poderosa; guarda em si mesmo o maior de todos os segredos, o princípio de tudo.

V

Valores – definem quem você é.

Verdade – não ha duas iguais; pressupõe respeito, capacidade de aceitação e, dependendo da forma como é interpretada, pode gerar admiração ou ódios; nenhuma verdade é mais verdadeira que a outra.

Viagem – é de sua autoria, pois você é o GPS da sua vida.

Vida – maior oportunidade que foi concedida a você.

Vitimização – morte anunciada; a mais profunda ingratidão para com Deus, para com você mesmo e com os outros; truque dos falsos e inconscientes.

Vulnerabilidade – não se pode confundir com fraqueza; passo decisivo para a transformação, pois você se encontra despido de bloqueios, preconceitos e medos e, qual tábua rasa, predisposto a amar.

Z

Zé – escolhi este exemplo por ser o mais popular de todos os nomes portugueses, assim, atenção aos "Zés" que você põe dentro do seu *cockpit*; o poder que dá a eles pode ser fundamental ou demolidor.

Obrigado meu Deus, pela oportunidade que me deste de aqui estar e poder fazer da minha vida o que eu bem entender, pois só assim poderia ser feliz.

Um agradecimento especial às pessoas que, consciente ou inconscientemente, me incitaram a ser mais e melhor pessoa e me desafiaram a escrever este livro.

As pessoas que amo, estou, finalmente, de volta à terra depois de ter escolhido me separar de vocês para me focar intensamente nas palavras. A minha profunda gratidão para com todos.

ANEXOS

ANEXO 1

Título:

Os meus sonhos:

Anexo 2

Roda de Valores

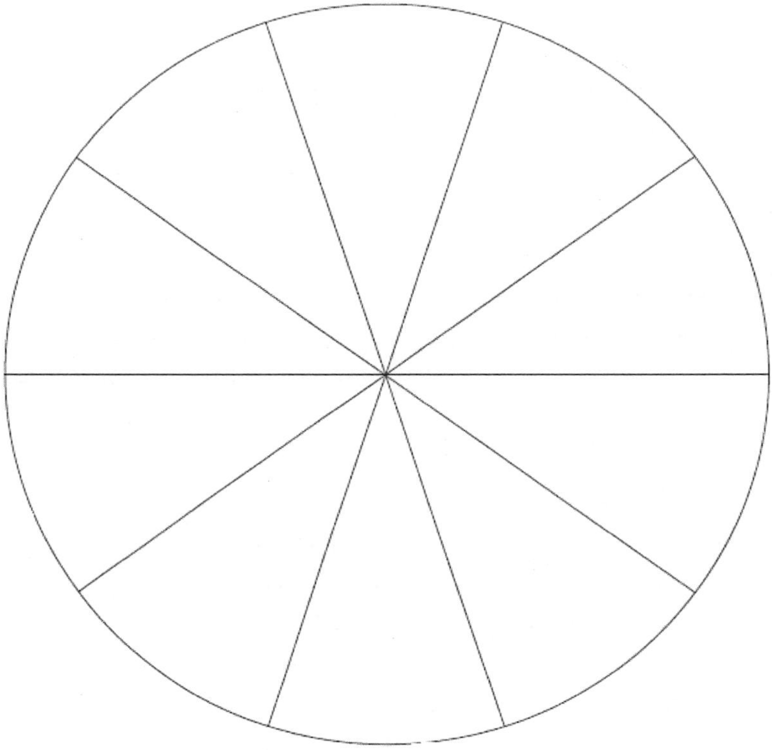

Anexo 3
Método RMP

Plano de Ação Massiva	Resultado	Propósito
	Frase: Data:	

ANEXO 4

A MINHA HISTÓRIA

Título:___

Anexo 5

Momento especial

Nome da pessoa:____

Surpresa:____

	O que senti?
Antes (fase de preparação)	
Durante (fase de experiência)	
Depois (fase do resumo)	

Anexo 6

Oportunidades	✓/X

ANEXO 7

POSIÇÕES PERCEPTIVAS

Nome da pessoa:____

Surpresa:____

1a Posição Perceptiva	2a Posição Perceptiva
3a Posição Perceptiva	4a Posição Perceptiva

Anexo 8

Nome das Pessoas	Qual identificação?

ANEXO 9

Elogios	Nome	Resultado
Assuntos por Resolver	**Nome**	**Resultado**

Anexo 10

Nomes	Sensação

Anexo 11

Roda da vida

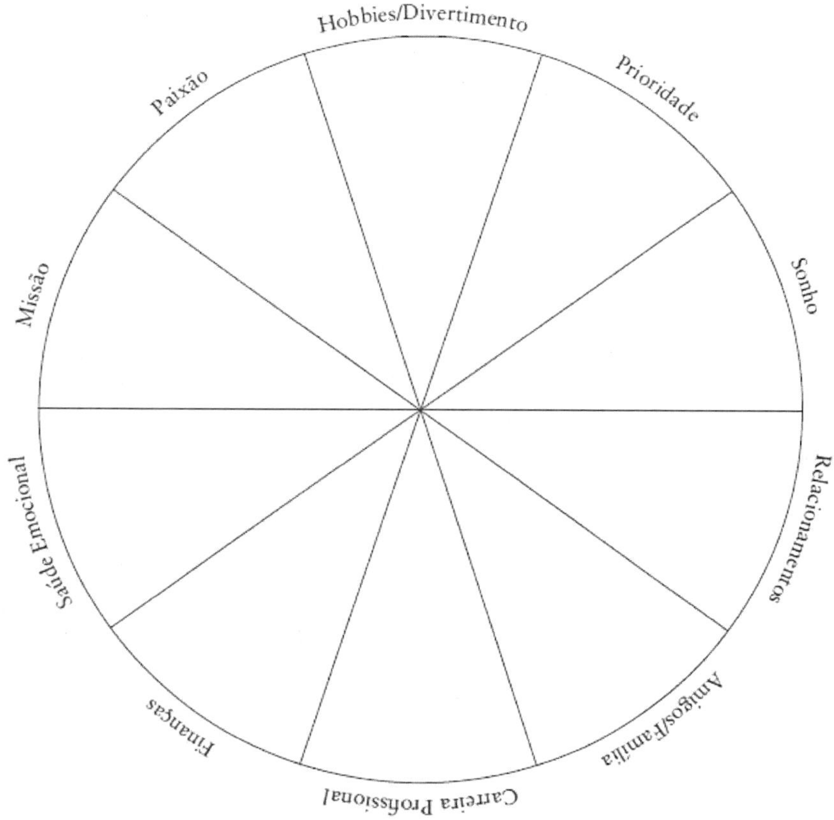

www.rumoaotopoeditora.com.br
contato@rumoaotopoeditora.com.br